Benjamin Schulz + Martin Sänger

UNBESIEGBAR

MIT VOLLGAS IN DEN CRASH

werdewelt Verlags- und Medienhaus GmbH

UNBESIEGBAR

MIT VOLLGAS IN DEN CRASH

BENJAMIN SCHULZ
MARTIN SÄNGER

ISBN 978-3-9818957-6-6

IMPRESSUM

werdewelt Verlags- und Medienhaus GmbH
Aarstraße 6 | 35756 Mittenaar-Bicken | T +49 2772 5820-10
mail@werdewelt.info | www.werdewelt.info

Autoren: Benjamin Schulz + Martin Sänger
Gestaltung/Satz: www.werdewelt.info
Druck: Hoehl-Druck Medien & Service GmbH

INHALT

Aria

KAPITEL 1

ERFOLGS-FASSADEN

GEBLENDET IM GESCHWINDIGKEITSRAUSCH

März 2017. Der Erste, um es genau zu machen. Wir sitzen gemeinsam in Martins Küche. Hierher geführt hat uns das Leben, das ja für jede Begegnung verantwortlich ist. Es hätte bei einem Bemerken bleiben können. Blieb es aber nicht – dafür verlief unser Leben zu parallel. Wir haben einiges gemeinsam. Nicht nur das offensichtliche, das äußere Ähneln.

Beide sind wir Söhne von Pfarrern, haben somit eine ähnliche Herkunft, kennen die spezifischen Vor- und Nachteile dieses Aufwachsens. Wir teilen die Liebe für amerikanische Autos. Was wir auch teilen, sind Erlebnisse, die das eigene Leben aus den Angeln gehoben haben. Die uns geprägt und zu dem gemacht haben, wer wir heute sind.

Da wir beide Unternehmer sind und diese Erlebnisse zwar einerseits individuell und spezifisch sind, andererseits aber jedem Unternehmer passieren können, sitzen wir hier, um unsere Erkenntnisse zusammenzubringen, zu bündeln, zu extrahieren – um sie so anderen, die in ähnlichen Lebenssituationen stecken, zur Verfügung zu stellen.

LEBEN DULDET KEINEN AUFSCHUB

Die Frage dieses Buches ist: Wenn wir im Leben in Orkane kommen, was macht das mit uns?

Und Orkane kommen seltsamerweise genau dann, wenn wir der Meinung sind, dass alles funktioniert. Wir wiegen uns in Sicherheit und plötzlich zeigt uns das Leben, dass wir gar nichts unter Kontrolle haben. Nullkommanichts. Auf einmal ist nichts mehr fest, alles, was gesichert schien, stellt sich selbst in Frage. Im Gespräch über unsere Tiefpunkte im Leben stellten wir fest, dass wir immer wieder in unserem beruflichen Kontext als Berater auf Menschen treffen, die von Orkanen ähnlichen Ausmaßes aufgesucht werden und wurden. Und alle haben sie eines gemeinsam: Keiner hat es kommen sehen. Aber nicht, weil es kein Frühwarnsystem geben würde, sondern weil alle Anzeichen runtergespielt oder nicht ernstgenommen wurden.

Wir sind der Meinung, das liegt zu einem großen Teil daran, dass die wenigsten darüber sprechen. In Unternehmerkreisen ist es dagegen üblich, mit größtmöglicher Anstrengung und deshalb in einer nicht nachzuahmenden Perfektion, eine Fassade aufrechtzuerhalten. Es lässt sich schlecht wegreden: Gesichtsverlust und Scheitern haben in der Vergangenheit (vermeintlich) zum Ende von etlichen Karrieren geführt.

Vermeintlich, weil wir dem widersprechen. Und nicht nur wir, es gibt genügend – auch sehr berühmte – Erfolgsstorys, die mit einem Scheitern beginnen. Erfahrungen des Scheiterns und Fehler können das ganze Leben auf den Kopf stellen und uns zeigen, was wirklich wichtig ist, wenn wir selbst die Augen davor verschließen.

Zurück zu Martins Küche. Wir befinden uns in einem intensiven Gespräch über unsere Lebensstraßen und ihre Abgründe, Kurven, Einbahnstraßen – weil das Leben eben keine Gerade ist – und welche seltsam anmutenden Parallelen diese haben. Wir sprechen darüber, was eigentlich passiert, wenn das Leben einen in die Wüste schickt. Und irgendwie erinnert das alles an diese eine, ganz besondere Straße: die Route 66. Auf einmal ist klar, dass wir da gemeinsam hinmüssen. Schon jetzt hat diese besondere Straße mit dem, was wir zu erzählen haben, so viel gemeinsam.

Also planen wir: Eine Woche Route 66. Beginnend mit Las Vegas als eine einzige glitzernde Fassade, die für Geld, Macht, Erfolg steht. Über die Route 66 an sich, die den Lebensweg beschreibt, bis man plötzlich zum richtigen Abgrund kommt, dem Grand Canyon, der einem unnachgiebig den Spiegel vorhält. Diese Krater, die das Leben schlägt, wollen wir uns genau angucken. In Sedona dann möchten wir auf Abstand gehen, das Künstlerstädtchen steht als Kontrast zu allem, was ein Unternehmer mit Scheuklappen jeden Tag sieht. Denn hier geht es nicht um Erfolg, die Menschen scheinen eher ihrem Herzen zu folgen. Zum Schluss wollen wir nach Las Vegas zurückkehren. Wollen sehen, was die Route 66 mit einem macht, ob sie den Blick auf diese Glitzer- und Glamourwelt verändert, dreht, umkehrt. Sind wir noch dieselben, als die wir gekommen sind? Was für Auswirkungen hat die Wüste auf uns? Was nehmen wir von der Reise mit?

Mitunter nehmen Menschen gar nichts mit, wenn sie vom Leben in die Wüste geschickt werden, das passiert oft genug. Auch wenn das Leben uns immer wieder einlädt, entscheidet jeder für sich, ob er die Einladung annimmt. Andere wiederum ändern ihre Haltungen, ihre Einstellungen und einige Menschen drehen ihr komplettes Leben um 180 Grad.

Wir sind der Meinung, dass nicht jeder Mensch alles im Leben selbst erleben muss. Wer zuhört, reflektiert und das, was andere Menschen einem sagen, ernstnimmt, kann sich selbst einiges ersparen. Wir sind beide schon mal ziemlich gegen die Wand gerannt – vielleicht hilft genau das dabei, dass ein anderer Mensch nicht nochmal gegen die gleiche Wand rennen muss. Diese Chance wollen wir jedem Lesenden dieses Buches geben, indem wir uns hinter die Kulissen blicken lassen. Wir lassen teilhaben – auch dort, wo es ganz und gar nicht leicht war, wo keiner von uns stolz drauf ist.

Nein, wir wollen nicht die Welt verändern. Aber wenn auch nur ein Mensch dabei ist, der aufgrund eines unserer Impulse ins Nachdenken darüber kommt, wie er sein Leben gestaltet, einer vielleicht, der sich erkennt und sieht, was er gar nicht so ernst genommen hat oder einer, der das Buch als Prophylaxe versteht und sich von da an gar nicht erst in solche Situationen bringen lässt – dann haben wir unser Ziel mehr als erreicht.

Wir wollen zeigen, welche Hinweise das Leben einem gibt, wo sich genauer hinsehen wirklich lohnt. Wir wollen allen Lesenden ersparen, die Scheiße, die wir durchhaben, selbst durchmachen zu müssen.

Immer noch in der Küche sitzend überlegen wir, ob wir dazu den Mut haben. Den Mut, uns selbst zu reflektieren und offen und ehrlich darüber zu schreiben – und damit eine Verletzbarkeit offenzulegen, die schamlos ausgenutzt werden kann. Aber das Projekt hat uns schon ergriffen, mit seiner Nahbarkeit und seinem Potenzial. Gedanklich sitzen wir bereits in einem amerikanischen Muscle Car-Cabrio, spüren den Fahrtwind und die Unnachgiebigkeit der Sonne, während uns ein Gefühl von Freiheit und Unbesiegbarkeit beschleicht ...

PLANBARES VS. UNPLANBARES

Drei Monate später sitzen wir im Flieger. Es ist unser erstes gemeinsames Projekt. Ja, wir haben uns ein paar Mal bisher gesehen, aber so eng, tagtäglich zusammen waren wir noch nicht. Aufgeteilt hatten wir uns bis dahin aber alles sehr brüderlich: Martin hatte die komplette Routenplanung übernommen, Flüge, Hotels und den Mietwagen gebucht. Ben war für die Technik, Kamera und Equipment verantwortlich. Es hätte also alles perfekt laufen können ... Alles war durchgestylt, fertig, geplant, gebucht – und dann?

Zwei Wochen vor Abflug ist der besetzte Kameramann auf einmal von der Bildfläche verschwunden. Verzweifelte Suche, Telefonieren, Nachhören, Vorbeifahren und dann die Gewissheit: Ihn hat ein Burn-Out niedergerungen. So gut es thematisch zu diesem Projekt passt, so unpassend ist das gerade für uns. Alle Vorgespräche, alle Ideen, das ganze Briefing, die Zollanmeldungen für das Equipment, alles für die Katz. Auf einmal stehen wir vor einer riesigen Herausforderung: Wo bekommen wir jetzt jemanden her, der uns filmisch begleitet? Und nimmt der Zoll uns die komplette Technik ab?

Dann fanden wir einen neuen Kameramann, was uns sehr erleichterte. Doch wir mussten zittern, ob dieser mit uns gemeinsam fliegen konnte. Denn es ist nicht möglich, einfach den Sitzplatz auf eine andere Person umzubuchen. Der Flug hatte 20 Leute auf der Warteliste. Sobald der Platz freigegeben wird, rückt jemand aus dieser Liste auf und der Platz ist futsch. Horrorszenarien darüber, dass der Kameramann über Alaska fliegen muss, während wir über Dallas fliegen, kamen auf – doch das Reisebüro konnte das System überlisten: Während eine Mitarbeiterin stornieren drückte, drückte eine andere Mitarbeiterin an einem weiteren Rechner buchen. Und das funktionierte! Das komplette Reisebüro jubelte! Hätte das nicht geklappt, der Kameramann wäre nur über drei Mal umsteigen bei uns in Las Vegas gelandet. Das war ein großer Erfolgsmoment für uns alle! Der Kameramann kam von einem Dreh in Hamburg und musste auch danach direkt weiter zum nächsten Dreh in Berlin, es war alles super eng – und hat doch so grandios funktioniert.

Denn natürlich haben uns diese Steine, die uns in den Weg gelegt wurden, ins Grübeln gebracht: Soll es vielleicht nicht sein? Sollten wir die Reise besser nicht machen? Im Gespräch miteinander war aber klar: Wir ziehen das durch.

Das ist eine Art von Entscheidung, die beruflich erfolgreiche Menschen oft treffen müssen: Wann gebe ich auf? Was muss alles passieren, damit ich sage, okay, lass es uns lieber verschieben? Lass uns in Ruhe ein neues Team aufbauen und schauen? Manchmal muss man gerade dann die Extraschicht einlegen, um im Nachhinein sagen zu können: Es hat sich gelohnt! Diese Reise war nicht nur super genial, es kam auch genau das dabei heraus, was wir uns davon versprochen haben.

Denn am Ende muss sich jeder Mensch die Frage stellen: Was ist wirklich wichtig? Was hat einen Wert? Was ist das, was bleibt?

Unter unseren Lesern sind hoffentlich auch viele Frauen. Wir sind sicher, dass Sie uns verzeihen, wenn wir die männliche Form für beide Geschlechter verwenden.

Martin: Wer hätte das gedacht? Jetzt stehen wir hier in Las Vegas, oberhalb von dem berühmten Las Vegas Strip, um uns rum blinkt und leuchtet es: Leuchtreklamen in einer Qualität, die ich so noch nie gesehen habe. Ein sprichwörtlicher Overload für Geist und Seele. Wenn ich da über den Weg nachdenke, der uns hierhergeführt hat, ist es unglaublich, dass wir jetzt – nur zehn Wochen später – hier stehen und das wirklich machen! Das ist ein Erfolg, den man feiern muss. Doch um einen Erfolg zu feiern, muss man für sich selbst definiert haben, was ein Erfolg ist. Wie ist deine Definition von Erfolg und hat sich diese in den letzten fünf bis zehn Jahren verändert?

Ben: Wenn du mich heute fragst, was für mich Erfolg heißt, während wir in Las Vegas stehen – die Hochburg von Geld, Sex, Drugs, Rock'n'Roll – dann muss ich daran denken, wie ich mich selbst beim Durchfahren dieser Stadt gefragt habe: Ist das Erfolg? Ist das alles ein großes Symbol von Erfolg? Wenn man hier angekommen ist, ist man dann erfolgreich? Ist man dann wer? Man sieht hier Menschenmassen, die alle nach Vegas wollen.

Demgegenüber stehen die, die in Hotels einchecken, die mit den Limousinen, mit teuren Anzügen, dicken Uhren und, und, und. Ich glaube, Las Vegas ist wahrscheinlich ein Sinnbild für Erfolg. Das war ja auch der Grund, warum wir gesagt haben, dass wir in Vegas starten wollen.

Um deine Frage zu beantworten: Wenn ich mit 85 bei mir Zuhause, vielleicht auf der Terrasse, sitze, und zu mir sage: „Ich glaube, ich würde es genauso wieder tun". Das ist für mich meine Definition von Erfolg und zwar in allen Facetten meines Lebens, ob das mein beruflicher Kontext ist, ob das mein familiärer Kontext ist, mein soziales Umfeld oder wie ich privat agiere. Aber ganz ehrlich: Vor fünf oder vor zehn Jahren hätte ich das noch nicht so beantwortet.

Martin: Wie hättest du es da beantwortet?

Ben: Erfolg war für mich ganz stark geprägt von dem Schein nach Außen: Was stellt man dar, wer ist man, was ist man, was hat man vielleicht auch? Und das vor allen Dingen an beispielsweise Materielles gebunden, was man von außen sieht, bestimmte Statussymbole, die man hat. Ein gutes Monatseinkommen und bestimmte andere Dinge, die einfach nach außen ganz klar signalisieren: Mensch, das ist Erfolg. Das sehe ich heute anders. Warum sich meine Einstellung zum Thema Erfolg geändert hat, das erklärt sich sicherlich, wenn wir auf unserer Reise über unsere privaten Storys sprechen.

Wie würdest du das denn für dich definieren?

Martin: Ich habe tatsächlich ebenfalls einen Switch in der Definition von Erfolg gemacht. Früher hatte ich wirklich jahrelang das Motto, erfolgreich sein heißt, einmal mehr aufstehen als man hingefallen ist. Also Erfolg hatte für mich sehr viel mit durchhalten, hartnäckig sein, auch ein bisschen mit kämpfen zu tun. Immer so nach dem Motto: Erfolg musst du dir erarbeiten. Und tatsächlich – und das haben wir gemeinsam – auch mit einer gewissen materiellen Symbolik. Das, was wir hier auf diesem Las Vegas-Trip gerade erleben, nämlich dieses Scheinen nach außen, dieses Glitzern, das war mir tatsächlich sehr wichtig. Ich war zum Beispiel super stolz drauf, dass ich noch keine 30 war, als ich mir das erste große Auto gekauft habe und sagen konnte: „Hey, den habe ich mir erarbeitet“. Das war mir sehr wichtig, auch teure Uhren zu tragen oder solche Dinge. Aber durch meine Geschichte, die ich in diesem Buch noch erzählen werde – wo wir beide uns darauf geeinigt haben, dass wir schonungslos offen wirklich darlegen, wie es uns auch im Inneren ging – ist meine Definition von Erfolg inzwischen so, dass ich sage: Erfolg heißt, Zeit zu haben, um mit den Menschen, die mir wichtig sind, einfach auch Dinge erleben zu können, an die ich mich – und ich nehme mal dein Bild gerne auf – wenn ich mit 85 auf der Terrasse sitze, gerne zurückerinnere und sage: „Weißt du noch damals, als wir hier in Las Vegas waren und diese Dokumentation gemacht haben?“ Erfolg heißt für mich, mit Erlebnissen abzutreten und nicht mit Träumen, also mir Träume zu erfüllen, die ich habe. Mir ist gar nicht mehr so wichtig, wie meine materielle Erscheinung nach außen ist, sondern ich möchte mein Herz füllen mit Dingen, von denen ich wirklich zehren kann. Es ist erst drei Jahre her, dass sich das bei mir verändert hat.

Ben: Lass uns doch mal ganz kurz nochmal über die Intention dieses Buches sprechen. Weil, diese Story zu machen, diesen Weg zu gehen und auch über Erfolg zu reden, ist das eine. Das andere ist, was wir beide ja massiv erleben und sehen. Jetzt gehen wir mal in unsere Unternehmens- und Business-Welt: Hier stelle ich fest, dass Manager, Führungskräfte, Inhaber, Geschäftsführer, Leute, die Karriere machen wollen oder Karriere machen, ein paar Faktoren haben, mit denen die so unterwegs sind. Ich nehme mich da selbst gar nicht aus. Ein Faktor, der mir auffällt, wenn ich mit solchen Menschen zu tun habe, ist der Gedanke: „Das passiert mir nicht“. Sie sind der festen Überzeugung, bestimmte Dinge passieren ihnen nicht. Denn: Sie haben alles im Griff. Erfolg heißt Controlling XXL. Viele fühlen sich auf dem Erfolgsstrip und dadurch unbesiegbar.

Martin: Genau. Und da haben wir im Vorfeld schon festgestellt, dass es uns beiden so geht. Wenn mir jemand vor drei, vier, fünf Jahren etwas in diese Richtung gesagt hätte – damals war ich einfach noch nicht soweit – hätte ich vermutlich gesagt: Oh ja, der hat recht, da sollte man drauf achten, aber mir passiert das ja nicht. Ich fühlte mich unbesiegbar, so ist es ja auch zu dem Titel gekommen, dieses Gefühl der Unbesiegbarkeit teilen viele.

Ohne, dass das jetzt irgendwie nach Superheld klingen soll, aber ich dachte, verschiedene Dinge passieren nur den anderen, aber nicht mir. Und das ist tatsächlich etwas, was mir auch bei vielen Menschen auffällt. Ich halte heute auch Vorträge darüber, warum und wieso sich mein Leben verändert hat, warum ich inzwischen mit einem anderen Leitspruch als dem, den ich vorher genannt habe, unterwegs bin, und da kommen Leute hinterher immer zu mir und sagen: „Mensch, das ist so wichtig und das Thema muss man so im Fokus haben“. Aber wenn ich die dann wiedertreffe nach einem halben Jahr oder nach einem dreiviertel Jahr und frage: „Was hast du geändert, das Thema war ja für dich so wichtig“, dann gucken mich die meisten an und sagen: „Ja, da bin ich noch nicht so ganz zu gekommen, aber ich habe wirklich vor, das mal zu tun“. Fakt ist: es ändert sich bei den meistens nichts, sie bleiben auf der Erfolgsstraße, weil sie sich unbesiegbar fühlen. Das ist, was mir stark auffällt.

Ben: Wenn ich an die letzten 15 Jahre zurückdenke habe ich gerade im Bereich Selbstständigkeit viele Erfolge gefeiert und mich wirklich unbesiegbar gefühlt. Das hängt ja massiv mit dem Gedanken zusammen: „Ich habe es unter Kontrolle“. Also die Dinge wirklich zu kontrollieren, im Griff zu haben, Controlling zu haben. Ich will jetzt mal ein bisschen überspitzen, denn ich habe manchmal das Gefühl, dass die Definition von Erfolg von vielen Inhabern, Chefs und Managern auch ist: „Ich besitze Macht“. Erfolg hat was mit Macht zu tun. Und wenn man erfolgreich ist, dann hat man Macht und Controlling, und zwar nicht nur über sich selber, sondern auch über sein Umfeld und um das, was da passiert. Wie siehst du das mit dem Thema Macht?

Martin: Das Thema Macht ist für mich tatsächlich sehr ambivalent, weil ich selber damit gar nichts anfangen kann. Ich bin überhaupt kein Machtmensch und merke deshalb immer, dass ich mich sehr schwer tue im Umgang mit Menschen, denen es um Macht geht. Mir geht es eben um andere Dinge, um Anerkennung und solche Sachen. Von daher, ich glaube schon, dass viele erfolgreiche Menschen deshalb gerne erfolgreich sind, weil sie dann auch dieses Gefühl der Macht haben. Und sich mächtig fühlen, zahlt ja schon wieder auf dieses Unbesiegbar-Konto ein. Also wenn du dich mächtig fühlst, fühlst du dich ja immer auch erhaben und etwas über den Dingen. Und das ist ein an sich positives Gefühl, wenn man durchs

Leben geht und sagt: „Haha, mir kann nichts passieren, ich habe alles unter Kontrolle". Ich glaube schon, dass es genügend Menschen gibt, die davon angetrieben werden.

Was ich auch interessant finde: Immer, wenn ich mit Menschen über das Thema Erfolg rede, kristallisiert sich heraus, dass es quasi eine Art Erfolgslüge gibt. Die Erfolgslüge basiert immer darauf, dass Menschen sagen: „Naja, wenn ich das und das erreicht habe, also den Erfolg feiern kann, dann bin ich zufrieden oder dann trete ich kürzer oder dann ziehe ich mich zurück". Also man lebt so in die Zukunft und ich habe bis jetzt tatsächlich noch keinen erlebt, der dann wirklich genau das gemacht hat, was er vorher angedeutet hat. Ich habe noch keinen erlebt, der gesagt hat: „Okay, jetzt bin ich erfolgreich, jetzt bin ich zufrieden". Erfolgreiche Menschen haben bei mir immer den Eindruck hinterlassen, wenn sie den einen Schritt erreicht haben, dann kommt halt der nächste, weil es halt in uns steckt und weil es so ein Antreiber ist. Und deswegen habe ich dann irgendwann mal von der Erfolgslüge gesprochen, weil jeder sagt, wenn ich erfolgreich bin, dann ..., aber keiner macht das wirklich, weil anscheinend irgendwelche anderen Dinge dahinterstecken, erfolgreich werden zu wollen. Vielleicht sind es eher so die weichen Sachen, wie „ich will mich mächtig fühlen" oder vielleicht auch, wie wir es ja beide hatten, „ich will mir was leisten können und ich will das nach außen auch zeigen können".

Ben: Was die wenigsten zugeben wollen, ist, dass Erfolg süchtig macht und man wirklich auf einen Erfolgstrip kommt. Ich glaube, wenn man das gekostet und geschmeckt hat, kann man das nicht mehr zurücknehmen. Wenn man einmal in diesem Rad drinhängt, dann geht es eigentlich immer nur noch darum: „Wie kann ich das Ding noch schneller und in einem noch höheren Tempo und noch weiter ...", und man merkt gar nicht, wie man in einen Kreislauf gerät, der einen permanent massiv auf Hochtouren fahren lässt. Einen sozusagen immer im roten Drehzahlbereich agieren lässt. Es macht blind für alles, es entsteht ein Tunnelblick, der einen für die Welt und deren Themen um einen herum völlig blind macht. Auch damit werden wir uns auf unserer Reise in den nächsten Tagen beschäftigen und aufzeigen, was dieser Tunnelblick mit uns gemacht hat, welche Veränderungen er ausgelöst hat. Wie würdest du diese Erfolgsdroge definieren?

Martin: In meinen Trainings, die ich fast 20 Jahre lang gemacht habe, sprach ich häufig vom Triptychon des Erfolgs. Dafür muss man wissen, dass ich im Verkaufstrainingsbereich tätig war. Hier hat Erfolg auch direkt mit Geld zu tun, deshalb fragten mich immer wieder Verkäufer danach, wie sie erfolgreich werden können. „Wie macht man denn die meisten Umsätze?“, beispielsweise. Aus diesem Grund habe ich damit begonnen, mit sehr erfolgreichen Verkäufern zu reden und was diese mir daraufhin sagten, hat sich jedes Mal durch genau drei Punkte ausgezeichnet.

Erstens hatten die Menschen ein ungeheures Wissen. Natürlich Wissen zu dem Thema, in dem sie aktiv waren, aber auch ein großes Allgemeinwissen, sie waren also alle durchaus gebildete Menschen. Zweitens – und daran scheiterten schon die meisten, die Erfolg haben wollten – sie wussten nicht nur, wie etwas funktioniert, sie hatten auch das Können, um es zu tun. Drittens: Wenn ich vom Wissen zum Können kommen will, dann muss ich vor allem einen starken Willen haben, um dranzubleiben. Ich muss zu mir selbst sagen: „Ich gebe jetzt nicht auf, sondern ich bin der, der vielleicht eine Stunde länger auf dem Tennisplatz stehenbleibt und nochmal ein paar Aufschläge übt“, oder was auch immer.

In den Gesprächen habe ich also erkannt, dass die Menschen, die erfolgreich sind, eine absolute Willensstärke haben. Und ich glaube, dass man genau das nur ganz schlecht abschalten kann. Wenn ich so gepolt bin, also wenn ich als Mensch jemand bin, der einfach seinen Willen hat und dann Vollgas gibt, dann komme ich da nur schwer raus.

Und hier können wir uns beide wieder als Beispiel nehmen. Du sagtest: „Hey, lass uns das doch in Amerika machen, Las Vegas, Route 66", und ich sagte: „Ja klar!". In dem Moment stand fest: Das wird gemacht. Als nächstes haben wir unsere Kalender gezückt und nach einem Termin geschaut. Wir wollten das beide.

Ben: Wille ist ja auch: Zähne aufeinander, Arschbacken zusammen und jetzt Vollgas. Und genau das kann ja in ein Extrem verfallen, wo man auf einmal feststellt: „Das ist wie mit hoher Geschwindigkeit auf der Autobahn zu fahren". Der Horizont wird dann immer schmaler und das Tempo ...

Aber ja, das ist wie ich anfangs festgestellt habe, der Erfolgstrip. Und ich glaube, die Gefahr ist groß, dass du anfängst, das, was um dich herum passiert, völlig zu vernachlässigen. Was ich auch noch ausführlicher erzählen werde in den nächsten Tagen, ist, dass ich glaube, dass ich durch das Thema Erfolg und meine Verbissenheit, maßgeblich dazu beigetragen habe, dass damals meine Ehe gescheitert ist.

Dass du blind für vieles geworden bist, stellst du meistens erst dann fest, wenn du auf deinem Erfolgstrip auf einmal in den Grand Canyon fährst und vor dem Abgrund stehst, weil das Leben dich mal kurz in die Wüste geschickt hat. Beim Thema Verbissenheit kann man von zwei Seiten vom Pferd fallen.

Martin: Was ich ganz interessant finde, zum einen gibt es die erfolgreichen Menschen, die wir beide kennen und wo wir uns auch dazuzählen können, ohne angeben zu wollen. Zum anderen erklären mir aber ganz viele Leute, warum sie nicht den Erfolg haben konnten, den sie eigentlich hätten haben müssen. Ein fürchterlicher Satz, ich weiß, aber damit meine ich die Menschen, die sagen: „Ich würde ja gerne, aber ...". Hast du die auch in deinem Umfeld?

Ben: Darauf treffe ich manchmal, wenn ich mit Kunden arbeite. Heute arbeite ich sehr viel im 1:1-Setting und mache Strategie-Beratung für

Einzelpersonen oder für Companys. Was ich da immer merke, ist, dass nach dem Aber oftmals Ausreden kommen. Außerdem haben sie meistens Ideen, die unüberlegt oder nicht strategisch-konzeptionell in Angriff genommen werden. Das ist so eine Haltung wie: „Na, wir gucken mal, ob es funktioniert und ob es passiert". Ich erlebe oft, dass zu wenig mit vernünftiger Planung an die Umsetzung drangegangen wird. Das ist ein Dilemma.

Martin: Ja, genau. Erfolgreiche Menschen haben keine Ausreden. Dieses: „Ich würde gerne, aber ...", da höre ich manchmal hanebüchene Ausreden! „Mensch, ich würde gerne das und das machen, aber die Katze schläft gerade", oder sowas, um das mal überspitzt darzustellen. Erfolgreiche Menschen haben keine Ausreden, sie übernehmen auch die volle Verantwortung für ihr Handeln. Die andere Seite ist, dass genau das wieder auf das Konto von: „Ich habe alles unter Kontrolle, ich habe alles im Griff" einzahlt.

Wenn ich scheitere, dann weiß ich, dass ich daran schuld bin. Einmal in meinem Leben habe ich mich auf einen anderen Menschen verlassen und Geld angelegt. Wenn ich den Satz so anfange, weiß direkt jeder, wie viel ich von diesem Geld wieder zurückbekommen habe – nämlich gar nichts. Mich hat da eigentlich gar nicht so sehr der Verlust des Geldes geärgert, sondern, dass ich die Kontrolle aus der Hand gegeben habe und dass ich einem anderen Menschen die Macht gegeben habe, ob etwas funktioniert oder nicht. Seitdem lege ich nur noch dort Geld an, wo ich selbst etwas rausgesucht oder analysiert habe. Natürlich bin ich auch da nicht immer erfolgreich, aber wenn das Geld weg ist, habe ich nur einen Menschen, dem ich die Verantwortung zuschieben kann und das bin ich selbst.

Und lustigerweise geht es mir damit besser, als wenn ich das Gefühl habe, da ist noch einer, der vielleicht eine Provision kassiert während er meine Kohle verbrät. Die Verantwortung für das eigene Handeln zu übernehmen, ist also auch ein wichtiger Baustein von erfolgreichen Menschen für mich.

Ben: Worin siehst du denn die Gefahren, wenn man grundsätzlich nur auf dem Erfolgstrip unterwegs ist? Wir erleben ja selber – ob das in unserem beruflichen Kontext ist oder ob das die Menschen sind, die wir beraten oder mit denen wir unterwegs sind –, dass da viel von dem Gefühl unbesiegbar zu sein drinsteckt sowie alles unter Kontrolle zu haben. Worin siehst du dabei denn die Gefahren von Erfolg?

Martin: Da können wir tatsächlich den Las Vegas Boulevard, an dem wir gerade stehen, wunderbar als Beispiel nehmen. Je nachdem, wie man sich selber den Erfolg definiert, haftet dem nach außen dargestellten Erfolg auch die Möglichkeit an, dass hinter die Fassade geschaut werden kann. Also wenn man hier mal abbiegt vom Las Vegas Boulevard in die Seitenstraßen, dann kommen da auf einmal nicht noch weitere großen Prachtbauten, die glitzern, mit vielen Neonröhren und LEDs an sich, sondern da kommen auf einmal Häuser, die vielleicht runtergekommen sind und wo man dann sieht, dass hier doch nicht alles so toll und erfolgreich ist, wie es nach vorne scheint. Und das ist einfach eine große Gefahr: Wenn du auf der Erfolgsspur bist, dann darf aber auch nichts dazwischenkommen. Weil, ruckzuck bröckelt die ganze Fassade. Zumindest, wenn man den Erfolg so definiert, wie wir beide es noch vor einiger Zeit getan haben. Und eine gebröckelte Fassade ist einfach wahnsinnig schwierig für einen selbst. Weil jemand, der es gewohnt ist, erfolgreich zu sein oder sich unbesiegbar zu fühlen, der hat mit einer gebröckelten Fassade und dem damit einhergehenden gefühlten Gesichtsverlust massive Probleme.

Ben: Da entsteht die Frage, wie wir mit Misserfolg umgehen. Genau da fängt nämlich auf einmal der Lack an abzuplatzen. Genau dann, wenn wir auf einmal in Situationen kommen, wo wir scheitern und was daraufhin auf einmal nach außen sichtbar wird. Wie gehst du mit Misserfolgen um?

Martin: Meine Eltern haben mir tatsächlich als Kind eine gewisse Frustrationstoleranz anerzogen, weil ich eben nicht immer alles gekriegt habe und nicht immer meinen Kopf durchsetzen konnte – dafür bin ich auch echt dankbar. Weil ich natürlich meinen Kopf durchsetzen wollte, hat es zu einer gewissen Hartnäckigkeit geführt, die mir sicherlich geholfen hat. Gleichzeitig habe ich aber auch erkennen können, wenn Dinge in eine Richtung nicht gehen, muss ich sie vielleicht in die andere Richtung probieren. Das ist wirklich wichtig und auch in meinem späteren Leben wichtig gewesen, dass ich eine gewisse Frustrationstoleranz habe. Denn nur dann, wenn ich irgendwann mal sagen kann: „Okay, ich muss jetzt akzeptieren, dass es auf diesem Weg so nicht weitergeht", kann ich mir neue Gedanken machen: „Wie kann es denn gehen", oder: „wie soll der Weg aussehen?". Und das ist für mich die allerwichtigste Geschichte, ich sollte, wenn ich mit Misserfolgen umgehen will, nie über „Das-war-es", sondern immer über das „Wie-geht-es" nachdenken. „Das-war-es" wäre, ich lerne mit Misserfolg umzugehen, also was muss ich tun, damit mir das gelingt? Und das „Wie-geht-es" ist, wie mache ich das konkret? Ich persönlich setze mich in solchen Fällen immer hin – manchmal muss ich eine Nacht oder zwei oder fünf drüber schlafen und meine Wunden lecken, wenn was nicht funktioniert hat – aber dann setze ich mich hin und sage: „Okay, alles klar. Auf dem Weg bist du nicht weitergekommen, schau mal, ob du herausfindest, wo die Abzweigung war, die in die Sackgasse geführt hat".

Ich analysiere also, was habe ich wie gemacht. Und dann überlege ich, „okay, wenn es jetzt linksrum nicht gegangen ist, wie muss ich es anpacken, damit es rechtsrum vielleicht funktioniert?". Und das, glaube ich, geht nur, wenn man einen klaren Kopf hat. Man kann ja frustriert sein, einen Tag lang und man kann auch mal einfach sagen: „Okay, heute schmeiße ich meinen Kram mal in die Ecke und bin da auch ein bisschen sauer drüber, dass etwas nicht funktioniert hat". Aber relativ schnell wieder an den Punkt zu kommen, das einigermaßen neutral analysieren zu können – das ist total wichtig. Ich habe mal – weiß ich noch genau – ich habe mir mal ein gewisses Budget gesetzt, um in einem anderen Land Projekte aufzureißen, und da gab es wirklich den Punkt: Das Budget war alle und jeder hat mir gesagt: „Du bist kurz davor". Da stellt sich natürlich die Frage, weitermachen oder aufhören? Dasselbe gilt wieder für Las Vegas, wenn du die Leute am Roulette-Tisch oder an den Spielautomaten beobachtest, irgendwann ist das Budget alle – und wie viele sind dann an dem Punkt oder in dem Rausch, dass sie sagen: „Ja gut, ich gehe über mein Budget drüber"?

Ben: Ich verwette meine Kuh und mein Pferd und ...

Martin: Genau, richtig. Das ist der Punkt! Und wenn du gelernt hast, mit Rückschlägen umzugehen, dann kannst du die Situation klarer einschätzen und einfach auch von deinem Stühlchen aufstehen im Casino und sagen: „Das war es. Mein Geld ist weg und es war vielleicht ein lustiger

Abend, ich bin ein bisschen unterhalten worden, mir hat das vielleicht Spaß gemacht, hier zu spielen, aber jetzt ist es auch gut". Und so war es bei mir zum Beispiel in dem fremden Land. Ich habe da so gut wie keine Aufträge bekommen. Ich hatte am Anfang einen, wollte dann noch mehr dort akquirieren und das hat nicht funktioniert. Ich bin da jetzt auch nicht irgendwie sauer drüber, sondern habe überlegt: „Okay, warum hat das nicht funktioniert?". Mit dem Nachdenken kam für mich die Erkenntnis: Den Weg, den ich gehen müsste, damit das vielleicht funktionieren könnte, den will ich nicht gehen.

Ben: Hat Misserfolg deiner Meinung nach was mit Gesichtsverlust zu tun?

Martin: Also für mich nicht, weil ich kenne tatsächlich keinen erfolgreichen Menschen, der dir nicht – vielleicht nicht in der Öffentlichkeit, aber unter vier Augen – erzählen kann, wie viele Misserfolge er auf dem Weg zum Erfolg hatte. Deswegen sage ich für mich, Misserfolge sind die Stufen auf dem Weg zum Erfolg.

Ben: Ich habe einen Kunden, der hat immer gesagt: „Man muss immer die Bereitschaft haben, sich permanent neu erfinden zu können". Und das setzt natürlich eine hohe Flexibilität voraus. Auf der anderen Seite gibt es einen anderen Unternehmer, den ich kenne, der hat immer gesagt: Ein Unternehmer hat nie einen Plan B. Der hat immer nur einen Plan A und das zieht der durch. Und das Interessante ist diese Kombination von, ich habe keinen Plan B, C und D in der Schublade, sondern nur einen Plan A und den ziehe ich durch. Aber dabei haben sie eine mega hohe Flexibilität, sich immer wieder neu zu erfinden, um den richtigen Moment, den passenden Zeitpunkt, die richtigen Leute, die richtige Situation zu erkennen, zu nutzen, umzusetzen und in Erfolg umzuwandeln.

Martin: Absolut. Ich glaube, die wirklich ganz erfolgreichen Leute, wenn die sehen, dass sie auf einer Straße sind, die nicht zum Ziel führt, dann haben sie häufig einfach schon einen viel längeren Weg zurückgelegt als die weniger erfolgreichen, die einfach viel früher umdrehen – was weiß ich – einen Rastplatz suchen und sagen: „Ich mag nicht mehr". Also du brauchst schon erst mal eine gewisse Hartnäckigkeit, um bis ganz ans Ende der Straße schauen zu können. Und wenn da wirklich eine Mauer steht, dann brauchst du die Flexibilität, das Steuer rumzureißen und abzubiegen, um dann wieder Vollgas zu geben. Ich glaube, das ist der große Punkt. Die Allermeisten, die eben nicht sehr erfolgreich sind, hören zu früh auf, da fehlt das Durchhaltevermögen. Auf der anderen Seite ist es aber so, du kannst nicht unendlich auf dem Gas bleiben, wenn du siehst, da vorne kommt eine Mauer. Da brauchst du dann die Flexibilität.

Ben: Und das ist ja genau das, was vielen dann auch passiert. Dass die, die wirklich auf der Erfolgsstraße unterwegs sind, die richtigen Abzweigungen nicht erwischen, Frühwarnsignale nicht wahrnehmen und dann auf einmal mit Vollgas in irgendeinen der besagten Crashs reinfahren. Und sich dann wundern, warum bestimmte Dinge dann scheitern, warum sie an Themen – auch bei sich selber scheitern –, warum Dinge zerbrechen. Warum Dinge kaputtgehen, warum Dinge in Misserfolg verfallen und, und, und.

Martin: Und da merkst du dann erst, dass du vielleicht die falsche Definition von Erfolg hattest. Also wir kennen ja auch sehr erfolgreiche Menschen, die sich zum Beispiel finanziell überhaupt keine Gedanken machen müssen. Wenn denen in irgendeiner Form im Leben das Schicksal einen Streich spielt und die einen Crash erleben, dann hilft oftmals das Ganze, was zuvor war – der ganze Erfolg und vielleicht auch die ganzen Finanzen und alle tollen Autos in der Garage – nicht mehr weiter. Das ist, was dann jeder erlebt, wenn es denn erst mal soweit ist. Unsere Intention, dieses Buch zu machen und dieses Buch auch mit einer Metapher zu versehen, von der wir denken, dass sie vielleicht eine stärkere Symbolik hat, als wenn wir zwei in einem tristen Meeting-Raum gesessen hätten, war ja auch die, dass wir sagen: Vielleicht kriegen wir bei dem einen oder anderen, der so unterwegs war wie wir, einen Impuls eingepflanzt, der zum Nachdenken anregt.

Ben: Um diese Metapher nochmal zu erklären: Wenn wir Erfolg haben und erfolgreich sind und wir in der Hochburg von Vegas unterwegs sind – was heißt das, wenn das Leben uns in die Wüste schickt? Was sind die Dinge, die wir dann tun, die wir erkennen? Erkennen wir überhaupt etwas? Wie gehen wir damit um? Und die spannende Frage wird sein, wenn wir diesen Weg in die Wüste gemacht haben, als welcher Mensch werden wir wieder zurückkommen? Weil, das Dilemma ist ja, wir werden nicht in den Wüsten Hütten bauen und dortbleiben. Sondern, wir werden wieder zurückkommen in die Reality, wir werden wieder zurückkommen in unsere Familien. Wir werden zurückkommen in unser Set, in unsere Business-Welt und, und, und. Als welcher kommen wir wieder zurück? Und wird es einen Transformationsprozess geben durch das, was wir erleben werden?

Martin: Genau. Und da haben wir auch jetzt schon wieder dieses Erfolgs-Gen „Wille“ oder „Wollen“ drin. Wir beide haben ja, nachdem wir beide gegen die Wand gefahren sind – mit der blutigen Nase oder Schlimmerem – nicht aufgegeben. Wir haben uns ja nicht auf den Boden gesetzt und spielen seitdem nur noch mit Dominosteinchen, sondern wir haben beide gesagt: „Okay, puh“. Da musste man sich wieder aufrappeln, sich den Staub von der Hose klopfen und dann auch sagen: „Okay, ich komme wieder zurück, ich will auch wieder erfolgreich werden, aber eben mit anderen Vorzeichen“. Mit Dingen, die man vielleicht anders sieht, die man auch anders angeht. Und deswegen, glaube ich, ist es sehr, sehr wichtig, dass man auch den Weg beschreibt, den wir jetzt hier beschreiben wollen, mit den Gedanken, die wir uns dazu gemacht haben. Weil scheitern oder irgendwas mal nicht hinbekommen oder einen Crash zu bauen, das kann jedem passieren und wahrscheinlich wird es im Laufe des Lebens auch jedem passieren.

Ben: Und es gehört auch zum Leben dazu.

Martin: Und es gehört zum Leben dazu.

Ben: Ich glaube, dass wir nur durch Extremsituationen und durch Scheitern – auch durch Fehler, die wir durchlaufen haben in unserem Leben – mehr und mehr persönlich wachsen in unserem Charakter und in unserer Persönlichkeit. Es ist nämlich nicht alles nur eine Kompetenzfrage, sondern hat ganz viel mit Lebenserfahrung zu tun, die uns mehr und mehr in einen Bereich reinbringt, wo wir sagen: „Mensch, wir haben vielleicht eine andere Sicht auf die Dinge und wir geistern eben nicht nur einer Droge, einer Lüge oder einem Trip hinterher“.

Martin: Ja, genau. War das nicht Einstein, der gesagt hat: „Permanent das Gleiche zu tun und andere Ergebnisse zu erwarten, ist die höchste Form der Dummheit“? Weil, darum geht es nämlich. Wir können nach einem Crash tatsächlich das Gleiche tun, aber nicht in der gleichen Art und Weise. Wir können weiterhin an unserem Erfolg arbeiten, aber vielleicht mit einer anderen Definition. Wir können weiterhin auch Spaß am Erfolg und an der Arbeit haben. Das heißt jetzt nicht, dass wenn man mal irgendwie ein tiefes Tal durchlaufen hat, dass man sich dann in irgendeiner Form nur noch in einem weißen Gewand auf einen Stein setzt und nichts mehr macht. Sondern, das ist genau der Punkt, man muss an sich arbeiten, man muss Einstellungen, Handlungsweisen und sonstiges überprüfen und verändern, um dann eben auch wirklich die Chance zu haben, nicht das zweite Mal gegen die gleiche Mauer zu rennen. Meine Oma hat nämlich schon immer gesagt, nur ein Esel stößt sich zweimal am gleichen Stein.

Ben: Dann würde ich vorschlagen, lass uns unsere Reise durch Vegas beginnen. Und uns auf den Weg machen und mal gucken, was die Wüste und der Grand Canyon so bringen, oder?

Martin: Ich bin super gespannt darauf! Dann fahren wir jetzt über den Strip – wir haben glücklicherweise ein Cabrio bekommen – also Dach auf und ab die Post.

Ben: Los geht's!

SELBSTTEST: KAPITEL 1

ERFOLGS-FASSADEN

Was bedeutet Erfolg für dich persönlich?

Auf einer Skala von 0-10:

a) Wie wichtig sind dir materielle Erfolgssymbole?

0 1 2 3 4 5 6 7 8 9 10

b) Wie wichtig sind dir immaterielle Erfolgsfaktoren?

0 1 2 3 4 5 6 7 8 9 10

Welche sind deine 10 wichtigsten immateriellen Erfolgsfaktoren?

1. ______________________________

2. ______________________________

3. ______________________________

4. ______________________________

5. ______________________________

6. ______________________________

7. ______________________________

8. ______________________________

9. ______________________________

10. ______________________________

Auf einer Skala von 0-10. Wie stark achtest du darauf, diese 10 Faktoren in deinen Alltag zu integrieren?

0 1 2 3 4 5 6 7 8 9 10

REGULAR
FOR USE AS A MOTOR FUEL ONLY
CONTAINS LEAD
(TETRAETHYL)
AMOUNT OF SALE
GALLONS DELIVERED
CENTS PER GALLON
HISTO
US
66
ROU

KAPITEL 2

LEBENS-ROUTE 66

VON SUPERHELDEN UND PROBLEMLÖSERN

Ben war für die Technik verantwortlich. Er packte ordentlich drei Koffer, in denen sich das gesamte Equipment befand. Nachts im Hotel bauten wir alles auf und stellten fest: Ben hatte etwas vergessen. Der Schlitten für die Kamera fehlte, so konnte sie nicht mit dem Stativ verbunden werden. Für den Dreh am selben Abend improvisierten wir, doch am nächsten Tag googelten wir wie wild am Frühstückstisch, wo in Vegas wir einen solchen Schlitten herbekämen. Ausleihen konnten wir uns nichts, weil wir kein amerikanisches Konto hatten. Also fuhren wir auf gut Glück in ein Fotogeschäft, um dort im Extremfall ein neues Stativ zu kaufen. Stattdessen fanden wir einen Stativkopf, er passte nicht optimal, aber erfüllte seine Zwecke. Damit war eine Baustelle gelöst, puh. Parallel dazu hatte sein Vielanmieter-Status Martin einen dicken Strich durch die Rechnung gemacht. Plan war, ein amerikanisches Cabrio zu mieten, um damit stilecht die Route 66 zu bestreiten. Martin reservierte also in dieser Klasse und schrieb sogar noch dazu: kein Upgrade, bitte, bitte. Was passierte? Wir fahren abends zur Autovermietung und was hatte die Autovermietung für uns vorgesehen? Einen BMW! Ein Cabrio zwar, aber einen BMW!? Ein wirklich schönes Auto, keine Frage, aber als Deutsche mit einem BMW über die Route 66? Never ever. Also versuchte Martin ein Camaro- oder Mustang-Cabrio zu bekommen. Das Problem war aber, dass sie zu diesem Zeitpunkt keine dort hatten. Am Abend würde eins zurückkommen und am Morgen. Als uns gesagt wurde, sie würden sich dann bei uns melden, war Martin schon klar: das passiert nicht. Da wechselt die Schicht, ohne dass eine Übergabe stattfindet und zack sind die amerikanischen Cabrios wieder weg. Während Ben sich also um das Stativ kümmerte, fuhr Martin mit Bens Frau Alex zur Autovermietung, um noch ein anderes Auto zu ergattern.

Auf dem Hof, Martin sah es schon von weitem, stand dann ein Camaro-Cabrio. Also behauptete er frech, dass genau dieses Auto uns am Vortag zugesagt worden war, er wäre also gekommen, um die Autos zu tauschen. Große Augen, bis auf die eines Mitarbeiters. Dieser sprach Martin auf Deutsch an, ob er ihn richtig verstanden hätte, er also den BMW gegen den Camaro tauschen wolle? Martin erzählte dann, dass wir vorhatten die Route 66 zu fahren. Der Mitarbeiter entgegnete nur: Da kann man nicht mit einem BMW fahren, da braucht man schon ein amerikanisches Auto. Es hatten sich also zwei gefunden und zack hatten wir, was wir wollten. Während Ben die Equipment-Baustelle bearbeitete, löste Martin also das

BMW-Problem. Statt wie geplant um 9 Uhr ging es dann um 11 Uhr los, aus Vegas raus, am Lake Meat (wo wir Eintritt für die Lake Meat National Recreation Area zahlten, um durchzufahren – verrückt!) vorbei und in Kingman auf die Historic Route 66. Das ist der zu Las Vegas nächste Ort, um auf die Historic Route 66 zu fahren. Um ganz am Anfang zu starten, hätten wir in Los Angeles loslegen müssen, wir wollten aber aufgrund der wenigen Zeit näher am Grand Canyon sein.

Erst fuhren wir in unserer geschlossenen Kapsel daher, als wir dann aber das Verdeck auf Weisung des Kameramanns öffneten, wurde uns allen sehr schnell bewusst, dass wir uns in der Wüste befanden. Es waren 46 Grad – bei solchen Temperaturen hat Cabriofahren nur noch wenig mit Spaß zu tun. Jeder Halt führte zum hektischen, gleichzeitigen Verdeck schließen und Klimaanlage anschmeißen – die Temperatur war sonst nicht zum Aushalten. Auf der Reise kristallisierte sich aufgrund der beiden angesprochenen Probleme schnell heraus, dass Martin und Ben unterschiedlich an Probleme herangehen, wenn es im System harkt. Ben treibt an, Situationen und Menschen zu retten. Das ist der Grund, warum er vielleicht auch eine hohe Großzügigkeit hat, selbst wenn's hoch energetisch ist und er noch eine Nachtschicht machen muss. Martin dagegen treibt das Motto: „Es gibt keine Probleme, es gibt nur Lösungen". Er ist einfach ein mega Optimist. Daran wurde die These des zweiten Kapitels exemplarisch: Unsere Identität prägt, wie wir mit Situationen umgehen. Wir hielten dann bei einer sehr abgefahrenen, uralten Tankstelle in Hackberry, überall hingen vom Wind angeweht quietschende Route 66-Schilder, alte Autos standen herum, verrottete Hütten, Kakteen. Fast wären wir vorbeigefahren, wir drehten dann und fuhren nochmal zurück. An diesen Ort passte unser Thema „Identität" so gut, weil alles, was dort stand, so viele Eindrücke hinterließ. Es mischte sich Alt mit Neu und das ganze Flair der Straße zahlte auf das Thema ein. Vor dieser Kulisse beschäftigten wir uns also mit Fragen wie: „Wer bin ich?", „Was ist meine Rolle?", „Was macht mich aus?", „Wo komme ich her?", „Wo will ich hin?", „Wo geht die Reise hin und was hat das mit mir zu tun?".

Denn: Auf unserem Lebensweg wird uns ziemlich schnell klargemacht, was gute Straßen sind und welche wir vermeiden sollten. Aus diesen Erfahrungen, die ganz früh beginnen, erfahren wir eine Prägung, die wir zeitlebens nicht mehr loswerden ...

Martin: Ja Ben, jetzt haben wir so viel über Erfolg geredet, aber ein Faktor fehlt mir noch, nämlich der Faktor der eigenen Identität, die ja auch zum Erfolg mit dazugehört. Weil ich habe eines bemerkt in meinem Einstieg ins Berufsleben. Ich hatte mit 21 Jahren mit Geschäftsführern und Einkaufsleitern zu tun, die locker doppelt so alt oder noch älter waren als ich. Und ich habe damals alles Mögliche getan, um irgendwie bei diesen Menschen anzukommen. Ich habe mich da immer verstellt. Jeden Tag habe ich versucht, eine bestimmte Identität anzunehmen, nämlich die, des zwar noch jungen, aber super kompetenten und guten Verkäufers. Irgendwann habe ich mich gefragt, ob das zum Erfolg dazugehört oder ob ich mich mal irgendwann trauen kann, es anders zu machen. Ab einem gewissen Punkt habe ich es anders gemacht, einfach weil ich dachte: „Nee, das bin ich nicht. Ich bin nicht dieser geleckte Typ im Anzug und mit Krawatte, sondern ich bin ein bisschen anders drauf, freier, lockerer, entspannter". Und als ich mich das getraut habe, ist was ganz Spannendes passiert, nämlich, es gab natürlich Kunden, die dann nicht mehr so klargekommen sind mit mir, aber ich habe Kunden dazugewonnen, die genau das eben richtig cool gefunden haben. Und jetzt sind wir hier zusammen auf der Route 66 unterwegs, so nach dem Motto: „Born to be wild". Wie wichtig ist denn aus deiner Sicht das Thema Identität?

Ben: Ich habe mal mit einem Kunden zusammengearbeitet, ein Geschäftsführer, der hat immer gesagt: „Wenn ich Nachhause komme aus dem Büro, ziehe ich erstmal meine Rüstung aus, hänge sie in den Schrank, schlüpfe in bequeme Klamotten und dann ist es irgendwie gut". Und das Spannende ist, als wir da so miteinander gearbeitet haben und ich gesagt habe: „Wieso nennst du das Rüstung?", sagt er, es hätte für ihn schon irgendwie den Charakter, von morgens eine Maschine anzuziehen und dann läuft der Film ab. Wenn er aber Nachhause kam und bei der Familie, seiner Frau, seinen Kindern war, dann war er komplett anders. Es ist unglaublich spannend, welche Herausforderungen das Identitätsthema an uns stellt: Wir fragen uns, wer bin ich denn eigentlich im Büro und wer bin ich eigentlich, wenn ich Zuhause bin? Wer bin ich in meiner Partnerschaft? Wer bin ich dann mit meinen Kindern? Wer bin ich vielleicht mit meinen Mitarbeitern, mit meinen Geschäftspartnern, und, und, und? Und das alles unter einen Hut zu kriegen, finde ich selbst extrem ... ich weiß nicht, wie du das siehst – aber gerade, wenn es um das Thema Erfolg geht und die Leute, die echt abgehen, vielleicht auch durch die Decke schießen mit ihrer Karriere – da stelle ich mir manchmal die Frage, wissen die, wer die sind, also wer sie selber sind? Und haben sie ein Gefühl dafür, was sie wirklich ausmacht und was ihre Identität ist? Und leben sie diese sowohl Zuhause als auch in ihrem Business-Kontext, mit ihren Mitarbeitern und so weiter?

Martin: Idealerweise. Du hast gerade von Rollen gesprochen, idealerweise sollte dann der Mensch in der jeweiligen Rolle immer der gleiche sein. Weil, das ist ja der Unterschied zwischen Identität und Rolle. So würde ich das zumindest definieren: Meine Identität – ich als Mensch – besteht ja aus meinen Werten, aus dem, was mir wichtig ist. Die ganzen Themen, nach denen ich lebe. Und natürlich kann ich die unterschiedlichen Rollen – Vater, Ehemann, Geschäftsmann und so weiter – entsprechend ausfüllen, aber immer mit der gleichen Identität.

Ben: Obwohl man heute in der Fachliteratur aus der Psychologie nicht mehr von Identität spricht. Dort wird von „Identitäten" gesprochen. Wir alle haben ja ein Wertesystem, das geprägt ist von unserem Zuhause, dem sozialen Umfeld, vielleicht auch vom Thema Weltanschauung oder Religion. Und das nehmen wir mit in unsere unterschiedlichsten Rollen. Das Interessante ist dabei, dass in jeder Rolle unterschiedliche Ausprägungen vorhanden sind. Wo ich das an mir selbst merke, das ist ein ganz einfaches Beispiel, ich gehe mit meinen vier Kindern anders um, als mit meinen Mitarbeitern in der Firma. Daran sieht man, wie meine Werte je nach Setting eine andere Ausprägung und damit eine andere Identität annehmen. Das heißt nicht, dass ich diese Werte mal habe und dann mal nicht, sondern die Gewichtung ändert sich je nach Set. Und so füllen wir unsere Rollen und das hat eine Auswirkung darauf, wie wir mit anderen Menschen umgehen, wie wir Entscheidungen treffen, wie wir handeln. Eine Frage: Hattest du mal für dich einen Moment, wo du sagen konntest: „So, jetzt bin ich an dem Punkt, jetzt weiß ich, wer ich bin"?

Martin: Also ich habe das Gefühl, dass das noch kein abgeschlossener, sondern eher ein lebenslanger Prozess ist. Vor meinem Herzinfarkt war es sicherlich so, dass ich mich sehr, sehr stark über die Rolle des Unternehmers, des Machers, des international arbeitenden Trainers und so weiter identifiziert habe und das ist jetzt deutlich abgeschwächt worden, weil sich bei mir auch Prioritäten verschoben haben. Trotz allem merke ich immer wieder, wenn ich mal etwas Neues in Angriff nehme oder einen neuen Fokus setzte: Wouh, ich wusste gar nicht, dass mir das so gefällt. Ich hätte zum Beispiel nie gewusst, dass ich Spaß und Freude daran habe, einen Garten zu genießen. Mir hat ein Garten nie gefehlt als ich keinen hatte. Aber jetzt, wo ich einen Garten habe, bin ich da wahnsinnig gerne und das ist ein Stück meiner Identität geworden. Ich brauche das jetzt als Rückzugsort. Dass ich mich wirklich zum Beispiel auf meinen Rasenmähertraktor setze und da mit Freude zwei Stunden eben mal Rasen mähe. Hätte das jemand vor fünf, sechs Jahren gesagt: „Hier, zu Martin Sänger gehört auch mal irgendwie Rasenpflege“, den hätte ich ausgelacht. Oder auch zu anderen ... ja, ist wirklich so, hätte ich gesagt: Ich? Rasenpflege? Vergiss es. Und das sind, glaube ich, schon Sachen, die einen fortwährenden Prozess zum Thema oder zur Formung der Identität immer wieder ausmachen. Bist du schon fertig identifiziert?

Ben: Nee, nee ich glaube auch, es ist ein Prozess. Ich beschäftige mich jetzt schon irre lange mit dem ganzen Thema Identität und ich glaube auch, dass es ein Stück weit das Thema ist, was mich ganz, ganz massiv beeinflusst und geprägt hat. Immer wieder die Frage zu stellen, wer bin ich, wer will ich sein? Wie sehen mich andere? Was muss ich nach außen darstellen? Das alles hat mich schon massiv geprägt. Es gab für mich zwei Momente, die mich mit dem Thema Identität konfrontiert haben. Einmal die Entscheidung im Business-Kontext, ich trage keine Anzüge mehr. Jetzt kann vielleicht der ein oder andere sagen: „Das gehört aber in bestimmten Settings einfach dazu“. Für mich war das eine bewusste Entscheidung, ich habe einfach gemerkt: „Das ist nicht meins, das passt nicht zu mir. Ich fühle mich da wie beim Karneval – geht gar nicht. Das war so ein Punkt. Der zweite war dramatischer.

Damals war ich gerade in der Trennungsphase mit meiner Frau. Ich war zuhause ausgezogen, musste mich in meinen Rollen wiederfinden und zusätzlich gab es in der Firma Druck. Mich haben zu diesem Zeitpunkt die Fragen: „Wer bin ich eigentlich? Was macht mich aus?“, so beschäftigt, dass sie alles ins Wanken gebracht haben. Es gab einen Abend, da habe ich mich wieder ins Auto gesetzt, bin ins Büro gefahren und habe dort auf einer Couch übernachtet, weil ich das Gefühl hatte, hier weiß ich, wer ich bin.

Ich habe mich in der neuen Wohnung nicht zu Hause gefühlt. Das war für mich alles fremdes Umfeld. Ich war damals gar nicht angekommen. Ich war auf der Suche nach mir selbst. Aber eines war mir geblieben: Ich wusste, wer ich im Büro bin. Und deswegen bin ich abends dahin, habe mich auf die Couch gelegt und dort übernachtet, weil das für mich in dem Moment der einzige Ort war, wo ich Rahmenbedingungen hatte, in denen klar war, was ist.

Ich denke, dass viele mit dem Thema Identität massiv zu kämpfen haben. Weil, wenn wir in solch einem Rad hängen, im Doing sozusagen – das kennen wir ja beide, weil wir beide sehr aktiv sind – das alles läuft ab wie ein Film. Es ist eine Art Routineschleife, in der man hängt. War das bei dir damals auch so?

Martin: Ich glaube tatsächlich in so einer Funktion funktionierst du einfach und kannst auch genau diese Gedanken „Wer bin ich, wo komme ich her, worauf basiert eigentlich meine Identität?“, die kannst du dir gar nicht mehr machen. Ich habe das große Glück, dass ich seit der Schulzeit mit meiner Frau zusammen bin, denn als man mir durch den Herzinfarkt den Erfolg genommen hat, meine Gesundheit mir den Erfolg genommen hat und ich im Krankenhaus lag, war auch meine Identität in dem Moment weg. Ich hatte mich ja komplett darüber definiert. Und was für mich wahnsinnig spannend war im Laufe der Zeit nach dem Herzinfarkt, in der ich viele Dinge in meinem Leben auch verändert habe, war ein Satz meiner Frau: „Ah, das ist der alte Martin, den ich kenne“. Das hat mich zu dem Gedanken gebracht, dass die Sachen durchaus vorhanden und da sind in einem, aber dass die manchmal irgendwie verschüttet gehen. Dass wir sie nicht leben können, nicht leben dürfen.

Und ich glaube schon, dass die Prägung, die du vorher angesprochen hast, eine massive Rolle spielt. Wir sind ja beide aus einem Pfarrershaushalt und ich glaube schon, dass man da – ob man das will oder nicht, ob man jetzt hoch christlich ist oder nicht – einfach gewisse Dinge mitkriegt, die einem bleiben und die dann aber sicherlich in gewissen Zeiten, wenn man voll auf dem Gas steht, nicht durchkommen. Die haben in dem Moment nicht genügend Kraft, die sind aber nach wie vor vorhanden. Und deswegen, um nochmal auf unsere Route 66 zu kommen, das Geile ist ja, hier jetzt mit einem Auto entspannt entlang zu cruisen, diese wechselnden Landschaften zu sehen, sich auch so wie jetzt die Zeit zu nehmen, einfach mal einen Stopp zu machen an irgendeiner coolen alten Tanke, wo wir jetzt sitzen und innezuhalten und ein bisschen zu reflektieren. Einfach zu schauen, wo komme ich her, wo gehe ich hin und wie entspannt kann der Weg da sein, auf der Route 66.

Ben: Die Route 66 hat ja auch ihre Historie. Das passt natürlich ideal zum Thema „wo komme ich her?". Jetzt hast du es gerade angesprochen: Wir kommen ja beide aus einem Pfarrers-Pastoren-Stall. Ich mache mir da heute manchmal einen Witz draus, dass ich, wenn ich mit Kunden arbeite, sage: „Ich habe manchmal einen pastoralen Ton drauf, aber das kann ich leider nicht ändern, das ist meine Herkunft". Bist du auch massiv von Zuhause geprägt oder hast du zum Thema Identität irgendwann auch mal so einen Punkt gehabt, wo du sagtest: „Okay, ich habe mich bewusst für andere Dinge entschieden"?

Martin: Beides. Ich habe sicherlich viel von Zuhause mitgekriegt. Aber wie das halt immer so ist, manchmal will man die Sachen nicht, die man von Zuhause mitgekriegt hat. Und in dieser Rebellionsphase habe ich ganz bewusst auch vieles ausgeblendet, klar. Ewig zu jedem immer nett sein, dieser Pfarrer zu sein, dem man seine Sorgen anvertraut – das wollte ich für mich nicht, deswegen habe ich auch diese andere Laufbahn eingeschlagen. Ich wollte endlich auch mal sagen: „Ey, ich bin Geschäftsmann". Attacke und jetzt geht es nach vorne. Das ist ja keine Pfarrers-Denke, im pastoralen Metier ist ja kein Leistungsdruck dahinter. Die haben wahnsinnig viel zu tun. Ich glaube, die wenigsten wissen, was so Pastoren wirklich leisten müssen. Da sind 80-, 90-Stunden-Wochen normal, wie bei einem Top-Manager meistens leider auch.

Ben: Beinahe 24-7, würde ich sagen.

Martin: Total, genau. Aber einen Leistungsdruck gibt es nicht. Da steht jetzt keiner und sagt: „Sie müssen jetzt sieben Beerdigungen machen, 17 Trauungen", und was weiß ich. Und das ist schon etwas, wo ich für mich dachte: „Mensch, jetzt hier mal richtig Gas geben. Ein bisschen Ehrgeiz entwickeln, ein bisschen nach vorne kommen". Das habe ich sicherlich deswegen gewollt, weil ich es von Zuhause nicht kannte. Das war aber gepaart mit meiner Mutter, die holländische Wurzeln hat. Die Holländer denken an manchen Stellen einfach freier und offener, was mir sehr gut getan hat für mein Leben. Denn da war immer das Motto: „Probier' es halt", im Vordergrund. Die eher deutsche Denke ist ja: „Oh Vorsicht, mach das nicht!". Deswegen habe ich vieles ausprobiert und damit immer wieder die Chance gehabt, zu erkennen, was zu meiner Identität gehört und was nicht. Da überrascht man sich auch immer wieder selber und das finde ich total spannend. Deswegen ist der Weg so interessant, sich selber immer wieder kennenzulernen.

Ben: Wenn ich an meine Herkunftsfamilie denke, das erste Mal, wo ich mich mit dem Thema Identität auseinandersetzen musste, war, als ich sehr früh als Kind gemerkt habe: Als Pfarrers-Pastoren-Sohn bist du in einer Schublade drin, du hat einen Stempel. Da ist Identität sozusagen schon vorprognostiziert. Schublade auf, Pfarrerssohn rein, Schublade zu, fertig, aus. Und da muss ich immer an das Sprichwort denken: „Pfarrers-Töchter, Müllers-Kühe geraten selten oder nie". Du wirst sofort damit konfrontiert. Oder eine andere Sache war – was weiß ich – Grundschule, der kleine Ben läuft über den Schulhof und die Jungs von der anderen Ecke schreien: „Guck mal, da ist der Bibel-Junge". Zack, Identität, bumm. Ich habe gemerkt, ich habe mich da oft gefragt, wer will ich eigentlich sein? Bibel-Junge, Pfarrerssohn? In sehr jungen Jahren, war das ein wirklich herausforderndes Thema für mich. Das Thema Herkunft ist für uns alle elementar, aber ich glaube, dass wir vieles aus unserer Identität, wenn wir erwachsen werden, gar nicht hinterfragen. Wir nehmen das alles mit, wir sind schließlich so geprägt worden. Wir machen alles, weil man das ja auch immer schon so gemacht hat. Oder wir schlagen in das andere Extrem um, unter dem Motto: „Ich habe das und das erlebt und deswegen mache ich es extrem in die andere Richtung".

Martin: Das ist so dieses Thema „dazugehören wollen" und sich darüber irgendwie zu identifizieren. Das ist jetzt eine peinliche Geschichte, aber in dem Buch gebe ich die mal preis. Ich war als einziger Junge einer alleinerziehenden Mutter auf einer Ganztagesschule, wo sonst nur Unternehmerkinder waren. Deshalb hatten wir natürlich auch die Themen, alleinerziehende Mutter, Geld knapp, Unternehmerkinder, viel Geld vorhanden. Jetzt sind die alle mit den ganzen Markenpullis rumgerannt, was damals halt so in war. Und ich habe mir dann tatsächlich – und das ist die Peinlichkeit an der Sache – für 13 Mark Schweißbänder für das Handgelenk von Lacoste gekauft, habe das Krokodil ausgeschnitten und mir auf einen neuen 19-Mark-Pulli genäht, weil ich einfach auch dazugehören wollte. Weil ich versucht habe, mir über Äußerlichkeiten eine Identität zu geben. Als Kind oder Jugendlicher hat man einfach die innere Reife logischerweise noch nicht. Aber wenn das mal weg ist, wenn du die Freiheit gewonnen hast, eben nicht mit irgendwelchen Statussymbolen arbeiten zu müssen oder irgendwelche Dinge nur deswegen zu tun, oder meinen, tun zu müssen, weil andere es vielleicht erwarten oder weil man dann dazu gehört, dann kommen wir über die eigene Identität zu etwas, was mir persönlich total wichtig ist: zur persönlichen Freiheit.

Ben: Das heißt aber auch im Klartext, um an diesem Beispiel zu bleiben, dass man sich fragen muss, wenn es um Identität geht, wer führt eigentlich in welchen Situationen Regie? Führt meine Identität, führen Teile meiner Identität Regie? Sind das andere Dinge, die da Regie führen? Es könnte ja auch sein, dass Themen von außen Einfluss nehmen. Du hast jetzt zum Beispiel eine Art Gruppenzwang beschrieben. Das heißt, die Erwartungen von außen haben dich dazu gebracht, dich so anzupassen. Das kann aber genauso das Elternhaus sein, das kann jemand sein aus dem nahen Umfeld. Bei mir zum Beispiel, ich habe eine sehr starke Prägung von meinem Großvater, wo ich ganz oft das Gefühl habe, wenn es um Entscheidungen geht, dann höre ich ihn hinter mir. Er ist dann wie so eine graue Eminenz im Hintergrund. Das ist mir aber auch erst klargeworden, nachdem ich mich mehr und mehr mit diesem Thema auseinandergesetzt habe. Ich glaube, dass wir einen Haufen an Dingen haben, die uns um uns herum beeinflussen und einen Einfluss haben auf das, was wir jeden Tag tun. Ich habe sehr viele Menschen in der Beratung, die auf der Überholspur sind, Unternehmer und Manager, da geht es häufig um das Thema Identität und darum, wie man nach außen wirkt. Das spielt auch viel in das Thema Marke ein. Ich frage mich da häufig, wie viel von dem, was ich sehe, ist inszeniert? Wie viel von dem ist wirklich authentisch?

Martin: Nochmal zum Thema, wer führt denn Regie: Ich glaube, dass jeder oder fast jeder, immer der Meinung ist, er führt selber Regie in seinem Leben. Ich habe das ja auch immer gedacht, aber in Wahrheit war es anders. Nachdem meine Firma Gott sei Dank relativ schnell anfing zu laufen – die ersten drei Monate waren natürlich schwierig, aber dann wurde es immer besser – habe ich gedacht, boa, jetzt bin ich Unternehmer. Ich habe keinen Chef mehr, der mir sagt, was ich machen muss. Jetzt führe ich selber Regie in meinem Leben. Und ohne, dass ich es gemerkt habe, hat im Prinzip jemand anderes Regie übernommen, nämlich meine Kunden. Wenn ein Kunde angerufen hat und mich buchen wollte, das Wort „nein" kannte ich nicht, ich habe immer überlegt, wie können wir das realisieren. Und damit habe ich tatsächlich die Regie ein Stück weit aus der Hand gegeben. Ich bin dann quasi von meinen Kunden durchgeplant worden. Natürlich habe ich selber in meinen Kalender geguckt, aber nicht, weil ich gesagt habe: Ich möchte jetzt mal wieder was machen. Das wäre ja der Punkt der Regie, dass ich mir die Anweisung gebe, jetzt machst du das und das. Nein, meine Kunden haben Regie geführt in meinem Unternehmen. Was man jetzt natürlich unter Kundenorientierungsgesichtspunkten gut finden kann.

Ben: Da könnte jetzt der ein oder andere sagen: Das ist ja nicht schlecht, das ist ja richtig.

Martin: Genau. Aber wenn du selbst nicht Regie führst, geht dir wieder Freiheit verloren. Und sich da wirklich zu trauen – das hat für mich tatsächlich auch jetzt mit Mut zu tun – seinem Kunden zu sagen: „Es tut mir leid, im Mai geht nichts mehr". Das wäre in meinem Fall so ein Satz gewesen oder zu sagen: „Wir kriegen die 60 Tage Training einfach in diesem Jahr nicht mehr unter". Das wäre die Möglichkeit, die Regie zurückzuholen, aber das hat mit Mut zu tun, auch mal nein sagen zu können.

Ben: Aber dafür muss ich ja sehr, sehr genau wissen, was gut für mich ist und was zu mir passt. Und da gibt es einen Satz: „Wenn ich weiß, wer ich bin, dann weiß ich, was zu mir passt, ich weiß, wie ich agiere, ich weiß, wie ich Dinge entscheide". Ich hatte mal eine Kundin, die war echt sauer. Ich kann mich erinnern, ich kam von einer Geschäftsreise nach Hause und ich hätte am nächsten Tag einen Beratungstermin mit dieser Kundin gehabt. Meine Frau hat mir abends die Unterlagen für den nächsten Tag in die Hand gedrückt und gesagt: „Guck mal, das sind die vorbereiteten Unterlagen für den Tag morgen". Nachdem ich die Sachen gelesen hatte, dachte ich: „Warte mal, mit dieser Kundin hast du doch vor zwei, drei Monaten schon mal telefoniert". Und ich konnte mich erinnern, dass dieses Telefonat alles andere als gut lief. Eher echt schwierig. Damals dachte ich schon, die Kundin, das passt nicht. Lass es, nimm den Job einfach nicht an. Ich lese mich also ein und sehe, dass ich genau diese Kunden am nächsten Morgen den ganzen Tag in einem Beratungssetting gehabt hätte. Nachts habe ich schlecht geschlafen und mir gut zugeredet: „Jetzt machst du den Job morgen, du wirst gut dafür bezahlt. Ist doch super, nimmst den Umsatz mit, alles top". Dann dachte ich: „Und was machst du, wenn der Tag morgen scheiße läuft?". Ich hatte schon so ein Bauchgefühl, dass das eine Katastrophe werden kann.

Deshalb habe ich Folgendes gemacht: Am nächsten Morgen, ganz früh, habe ich diese Dame angerufen und gesagt: „Ich muss den Termin absagen, es tut mir leid. Ich habe gemerkt, das geht nicht und schließlich wollen Sie von mir 100%ige Leistung haben, aber ich merke, das ist nicht passgenau. Wir passen nicht zusammen". Die war super stinkig, kannst du dir ja vorstellen. Ich habe dann noch gesagt: „Sie können froh sein, Sie haben heute eine Menge Geld gespart. Es ist gut, wenn wir das jetzt klären und nicht erst hinterher, wo eine Frustration schon da ist." Aber ich merke immer wieder, viele können damit nicht umgehen, wenn man so agiert, also wenn man echt und authentisch ist.

Martin: Ja klar, wenn du Ecken und Kanten hast, dann können sich Leute dran stoßen. Und sich irgendwo anzustoßen, tut immer weh. Im Prinzip wirst du wahrscheinlich der Dame irgendwas hingeworfen haben, woran sie sich wehgetan hat. Nicht, dass deine Wortwahl falsch war, sondern sie hat sich irgendwie zurückgewiesen oder sonst was gefühlt, könnte ich mir zumindest vorstellen, weil du ganz klar gesagt hast: „So ja, so nein". Aber das ist eine Ecke oder Kante, die man zeigen muss, wenn man eine

persönliche Identität besitzt. Und es ist tatsächlich erschreckend, wie wenige Menschen sich das trauen oder erlauben. Da kann ich mich selber nicht ganz ausnehmen. Ich habe auch immer wieder Kunden, wo ich wirklich mit so ein bisschen Widerwillen von zu Hause losgefahren bin, weil ich mir einfach dachte: „Nee, komm, also der hat dir ja nicht wirklich was getan und der Job ist ja okay". Und, wie du sagst: „Du wirst ja auch gut dafür bezahlt". Aber das habe ich auch verändert in meinem Leben. Also wenn ich jetzt ein Gespräch führe – man merkt es ja wirklich in dem ersten Telefonat, was man meistens führt – wenn ich also merke, Mensch, das wird nichts, dann erlaube ich mir auch, das zu sagen. Und es ist tatsächlich so, dass Menschen da sehr sonderbar drauf reagieren, weil sie es nicht gewohnt sind.

Ben: Jetzt haben wir gerade über Herkunft gesprochen. Route 66 heißt natürlich auch, man ist unterwegs, man ist auf der Strecke, da stellt sich die Frage nach „wo geht die Reise hin?". Ich habe mir selber ganz massiv die Frage gestellt, was ist eigentlich das, was noch bleiben soll hinterher? Gibt es einen Zielhafen, den ich definieren kann? Manche würden sagen: Gibt es ein Big Picture für mich und mein Thema oder gibt es eine Vision, wo ich sage: Okay, da soll auch für mich die Reise hingehen? Wenn es um das Thema Erfolg und Karriere geht, sind ja alle ein wenig eingeschossen auf die Themen Erfolg, Kohle, Prestige und viel, viel Geld – natürlich auch Status. Wie würdest du denn beschreiben, wo die Reise hingehen soll?

Martin: Ich glaube, dass das ein echt schwieriges Thema ist, das für sich selber zu definieren. Da würde ich mir zum Beispiel echt Profis als Helferlein holen, wenn ich mich frage, wie meine Identitätszukunft aussieht. Im Business-Kontext ist es für mich inzwischen nach zwei Jahren leicht zu beantworten. Ich habe mir nämlich drei Fragen zurechtgelegt, nach denen ich jede momentan geschäftliche Möglichkeit untersuche. Frage eins ist: Kann ich das, was hier gerade auf dem Tisch liegt, als Business Opportunity zeitlich und örtlich unabhängig machen? Das ist mir ganz wichtig geworden. Ich will nicht mehr den Druck haben am soundsovielten um 8 Uhr in DER Stadt, in DEM Seminarraum zu stehen. Die Zweite ist für mich auch ganz wichtig: Ist das, was ich da machen könnte, automatisierbar und skalierbar? Weil, ich habe ständig damit zu kämpfen gehabt, dass ich mein größter Engpass bin, weil ich mich nicht klonen kann. Ich habe über 18 Jahre lang um die 180 Trainingstage im Jahr gemacht und hätte noch mehr verkaufen können, aber jeder Kunde hat gesagt: „Wir wollen aber Sie, Herr Sänger und nicht irgendwen aus dem Team". Deswegen war die Ressource immer begrenzt. Selbst, wenn ich die Tagessätze angehoben habe, wenn mal ein Kunde abgesprungen ist, haben die verbliebenen Kunden die Zeit sofort wieder durchgebucht. Genial, toll, aber ressourcenbegrenzt, also nicht skalierbar. Und meine dritte Frage – und die gönne ich mir jetzt nach meinem Herzinfarkt – ist tatsächlich: Macht es Spaß? Und die sticht übrigens die ersten Beiden aus. Also wenn ich jetzt ein Angebot kriege, wo ich sage: „Wow, da habe ich total Lust drauf", zum Beispiel „lass uns nach Amerika fliegen". Das ist nicht skalierbar, das ist nicht zeitlich und örtlich unabhängig machbar, aber es macht einfach tierisch Laune. Und deswegen sage ich: „Ja, lass uns das machen, lass uns das Projekt so machen". Und ich glaube, es täte jedem – auch für die eigene Identität – gut, immer so drei Fragen zu stellen, um dann eine Entscheidung treffen zu können. Oder auch zwei Fragen, ist ja egal. Aber die muss jeder für sich selber definieren. Ich habe meine drei geschäftlichen Fragen gefunden und bin mit denen total glücklich.

Ben: Ich habe mal vor Jahren ein Modell aufgebaut, um das Thema Identität zu erörtern und um mal zu gucken, was das für Bereiche sind. Ich habe festgestellt, dass es ein paar Punkte gibt, über die ich mir im Klaren sein muss. Ich habe ja vorhin gesagt, dass es wichtig ist, dass ich weiß, wer ich bin. Dass ich weiß, wer ich bin, hat damit zu tun, dass ich sage: Weiß ich, wie ich von meiner Persönlichkeit, von meinem Charakter her ticke? Weiß ich, wie ich da drauf bin? Kenne ich die Vor- und Nachteile meines Charakters? Das ist so ein Faktor, der zum Thema Identität wichtig ist. Dann lassen sich deine drei Fragen nochmal ganz anders anwenden, denn wenn ich weiß, wie ich ticke, weiß ich auch, was mir wichtig ist. Ein zweiter großer Bereich ist das ganze Thema „wo komme ich her?". Damit also das Thema Werte, „wie bin ich geprägt worden? Was bringe ich mit? Für welche Werte habe ich mich auch entschlossen?". Ein dritter Punkt ist das Thema: „Was erachte ich eigentlich für sinnvoll und für sinnlos? Welchen Zweck will ich mit etwas erreichen, mit dem, was ich tue? Steckt dahinter eine Mission, die ich irgendwie vorantreibe?". Der nächste Punkt ist für mich ganz entscheidend, das wird auch aus meiner Sicht völlig unterschätzt, es geht um das ganze Thema soziales Umfeld, Kultur und Weltanschauung. Ich sage mal, klar, wir, die aus einem Pfarrers-, Pastorenhaushalt kommen, sind vom Thema Weltanschauung anders geprägt worden als vielleicht andere, die in Bottrop, Castrop-Rauxel oder in Bochum groß geworden sind oder die vielleicht einen anderen kulturellen Hintergrund haben usw. Ich glaube, es ist spannend, darüber Bescheid zu wissen. Zum Schluss geht es um das Thema, wo die Reise hingehen soll. Was ist mein Big Picture, was ist meine Vision? Wenn ich diese fünf, sechs Faktoren habe, habe ich es viel einfacher, nach so einem Raster zu agieren und zu sagen: „Mensch hier, was ist mir wichtig, nach welchen Faktoren entscheide ich eigentlich?".

Martin: Absolut, und das ist das, was ich vorher meinte. Ich glaube nicht, dass man alleine in der Lage ist, das alles für sich zu definieren. Da glaube ich schon, dass es tatsächlich sinnvoll und wichtig ist – wenn man sich mit dem Thema auseinandersetzen möchte – sich in irgendeiner Form einen Sparringspartner ins Boot zu holen, mit dem man das auch wirklich auf Augenhöhe durchgehen kann. Als wir uns etwas besser kennengelernt haben, nachdem wir uns ein paar Mal nur small talk-mäßig unterhalten haben, haben wir ja dann auch gemerkt, dass wir beide einen Pastoren- oder Pfarrerssohn-Hintergrund haben und haben auch darüber gesprochen. Dann merkst du auf einmal, hey, da lerne ich im Gespräch so viel über mich selber, und das ist das, was ich vorher kurz gemeint habe mit der Aussage: „Ich glaube nicht, dass man das in jedem Bereich alleine für sich schafft, ohne einen Sparringspartner, der einem an der ein oder anderen Stelle sicherlich die Augen öffnet". Vielleicht merkt derjenige das auch gar nicht, was er da gerade getan hat, durch einen Satz, durch eine Aussage, durch ein Erlebnis oder sonst irgendwas, wo man einfach sagen kann: „Okay, wouh, das ist jetzt etwas, das arbeitet in mir. Das macht in mir weiter". Und wenn man dann solche Faktoren beleuchtet, täte jeder Mensch gut daran, wenn er ein bisschen aus dieser Erfolgsfalle rauskommen will, sehr genau zu wissen, was ist meine Identität, wofür stehe ich und welche Werte stehen dahinter.

Ben: Jetzt ist mir noch eine Sache eingefallen, lass uns die doch nochmal kurz angucken. Und zwar, nehmen wir mal an, man könnte so Karriere, Erfolg oder Leute, die auf der Überholspur sind, kategorisieren in Identitäts-Typen. Was warst du früher denn für ein Typ?

Martin: Also ich war sicherlich jemand, der sehr nach Anerkennung gestrebt hat, also ich wollte geliebt werden. Meine Identität war so Everybodys Darling. Und egal, ob ich jetzt einen Vortrag vor 500 Leuten gehalten habe oder ein Training vor 12 Leuten, ich wollte hinterher den Applaus, ich wollte dieses „vielen Dank, das war ganz toll". Das war eigentlich mehr Bezahlung für mich, als die Euros, die dann überwiesen wurden. Das war mein großer Antrieb. Gleichzeitig habe ich auch Phasen in meinem Leben gehabt, wo der Geldautomat, nachdem ich die EC-Karte reingesteckt hatte, einfach gesagt hat: „Ne, Moment mal. Du kannst ja nur abheben, was drauf ist und da ist nix drauf". Es ging mir also auch immer um ein Stückchen Sicherheit. Die habe ich aber sehr schnell vergessen, wenn die Anerkennung stark genug war. Dann habe ich also Dinge entschieden, die weit weg von Sicherheit waren. Obwohl ich das eine Zeitlang gelebt habe, habe ich dann gemerkt, dass Status mir zum Beispiel gar nicht so wichtig ist, obwohl ich tatsächlich auch das dicke Auto, die Maßanzüge, die Maßschuhe und die richtige Uhr am Handgelenk hatte. Aber es war mir nicht so wichtig, dass ich das nachhaltig verfolgt hätte. Ich ziehe gerne Sachen an, die mir gut passen. Ich trage auch jetzt noch gerne Maßhemden, aber einfach deswegen, weil ich mich da drin pudelwohl fühle. Wenn ich ein Hemd kaufe beim Herrenausstatter und es passt am Hals, habe ich meistens so ein Zelt um mich rum, bei meiner komischen Figur. Und das ist ein ganz anderer Hintergrund, als dass ich zeigen will: „Schaut mal Leute, ich habe ein Maßhemd an, weil meine Initialen da eingestickt sind", oder irgendwie sowas. Also Status habe ich zwar gelebt, war aber tatsächlich nie Teil meiner Identität, es war eher aufgesetzt von meiner Seite aus.

Ben: Wenn ich es richtig verstehe, ist vom Identitäts-Typ her bei dir das Thema Anerkennung im Beruf sehr ausgeprägt? Soll ich dir mal meins sagen?

Martin: Ja.

Ben: Das habe ich auch noch keinem verraten, aber ich weiß, dass bei mir das Thema Held-sein für andere ganz stark ausgeprägt ist. Ich merke immer wieder, dass sämtliche Sachen von meiner beruflichen Identität, die ich tue, für mich immer ganz viel mit dem Thema Troubleshooting zu tun haben. Ich will Troubleshooting machen, weil ich Held sein will für andere. Und ich merke, wenn das nicht gesehen wird oder nicht erfüllt wird, habe ich ein echtes Problem. Das ist, was mich massiv anpitcht und aufgrund dieser Identitäts-Prägung bin in im beruflichen Kontext schon oft auf die Nase geflogen. Das weiß ich, weil ich mich ganz oft gefragt habe, warum sind Dinge gescheitert? Mit einem Sparringspartner, der mit mir arbeitet, habe ich rausgefunden: „Mensch guck mal, Ben, an der Stelle, da hast du ein Dilemma, da hast du ein Problem". Weil, wenn du das sehr stark auslebst und das nicht in Erfüllung geht, dann hast du einen Identitäts-Konflikt. Finde ich spannend, einfach aus zwei völlig unterschiedlichen Richtungen. Ich weiß nicht, was dir noch so einfällt, aber was mir spontan noch so einfällt ist das, was du gerade gesagt hast, so Leute, die sagen: „Ich bin erst dann wer, wenn ich was vorzeigen kann." Also Status, das muss ja nicht nur Kohle sein oder irgendwie Prestige, sondern Status könnte ja auch sein, welche Position habe ich? Ein Titel.

Martin: Herr Doktor, Herr Professor.

Ben: Herr Doppel-Doktor. Oder was es ja zum Beispiel auch sein kann, ist sowas wie Ansehen. Ich genieße auch gesellschaftliches Ansehen, weil ich auf öffentlichen Veranstaltungen unterwegs bin. Dann immer schön mit dem Bürgermeister und mit Politikern und was weiß ich, auf dem roten Teppich und Berlinale und Trallala irgendwie dabei, weil ich irgendwie das Gefühl habe, das brauche ich für mich. Gibt es noch andere Typen, die dir einfallen?

Martin: Ne, so ad hoc jetzt nicht, aber bei den Ansehens-Typen, genieße ich inzwischen, dass ich viele Kontakte habe, die extrem erfolgreich sind, auch finanziell wirklich frei, die haben ihre Schäflein im Trocknen und sind einfach total normal und pfeifen auf dieses ganze Status-Image-Gedöns. Ja, das liebe ich total. Aber da sind wirklich viele so – ich weiß jetzt nicht, ob man den schön in einen Namen packen kann – aber die Leute, die das alles machen, weil es eben dazugehört. Man bekommt in Deutschland zwei Kinder, weil das halt dazugehört. Also ich glaube, dass man schon auch immer so konventionsgetrieben ist. Also Menschen, die einfach sagen: Das ist die Konvention und ich möchte hier bloß nicht aus dem Rahmen fallen. Deswegen mache ich alles so, wie ich denke, dass es für diese Position oder diese Rolle erwartet wird. Also die, die sich einfach an irgendwelchen Konventionen orientieren, habe ich auch schon ein paar kennengelernt.

Ben: Die Einladung dieses Kapitels ist, finde heraus, wer du bist. Beschäftige dich mit deiner Vergangenheit. Guck, was ist deine Herkunft. Frag dich, wo soll die Reise hingehen, deine Route 66. Und vor allen Dingen auch, wie soll die Reise dahingehen. Deshalb auch das Wie. Was sind die Dinge, die ich jeden Tag entscheide? Fang also an, mehr und mehr der zu leben, der du bist.

Martin: Ja, ich würde den Satz sogar mit „trau dich mehr und mehr, der zu leben, der du bist“ anfangen.

Ben: Das Bedarf einer Menge Mut.

Martin: Richtig, das hat viel mit Mut zu tun.

Ben: Das Fazit ist also, Identität leben heißt, mutig sein. Weil ich nämlich dadurch Ecken, Kanten und Kontur kriege. Also ich habe öfters mal gesagt: Ich bin da nicht eines der Bällchen im Ikea-Bällchen-Bad, sondern ich bin anders, weil ich Ecken und Kontur habe. Und Identität heißt, es ist nicht alles gleich wie alles drumherum, sondern es hat Charakter. Das gefällt aber auch nicht jedem.

Martin: Ne, und du musst aushalten können, dass es eben nicht jedem gefällt. Wir haben beide schon Bücher auf dem Markt und wenn eine Rezension bei Amazon eben nicht gut ist, das wirst du selber kennen, das kratzt am Ego, gar keine Frage. Ich kenne niemanden, der sagt: „Ist mir völlig wurscht". Ich habe zum Beispiel ein Buch geschrieben, das ist im Prinzip vom Verlag so vorgegeben gewesen, das sind zwei Löwen, die ein bestimmtes Thema beleuchten, in meinem Fall das Thema Verkaufen. Also habe ich eine Fabel geschrieben über das Verkaufen. Und natürlich gibt es eine Rezension, die da lautet, ein Kinderbuch über das Verkaufen, was soll denn der Mist? Ja, aber damit musst du umgehen können, weil ich einfach sage: „Hey, ich habe Spaß gehabt beim Schreiben. Ich kann hinter dem Buch zu 100% stehen". Und ich glaube, zu meiner Anfangszeit als Verkäufer hätte ich mir gewünscht, diese Themen oder diese Inhalte mal in der Form präsentiert zu bekommen. Es gehört auch ein Stück weit zu mir, dass ein Teil kindliches Gemüt einfach vorhanden ist. Und das ist ein Stück meiner Identität. Wenn die einer ankratzt, das muss man aushalten können.

Ben: Das stimmt. Also mutig sein, Identität zu leben und der zu sein, der man ist. Und dann begibt man sich echt auf eine Strecke, um herauszufinden, wer man wirklich ist und wer man vor allen Dingen sein will. Und die Einladung ist, nichts zu initiieren, sondern wirklich auf diesen Ursprung zurückzukommen und zu sagen: „Guck mal, da kommst du her, da willst du hin, und das bist wirklich du. Definiere du für dich selber, also fang an Regie zu führen, über das, was du selbst entscheidest.

SELBSTTEST: KAPITEL 2

LEBENS-ROUTE 66

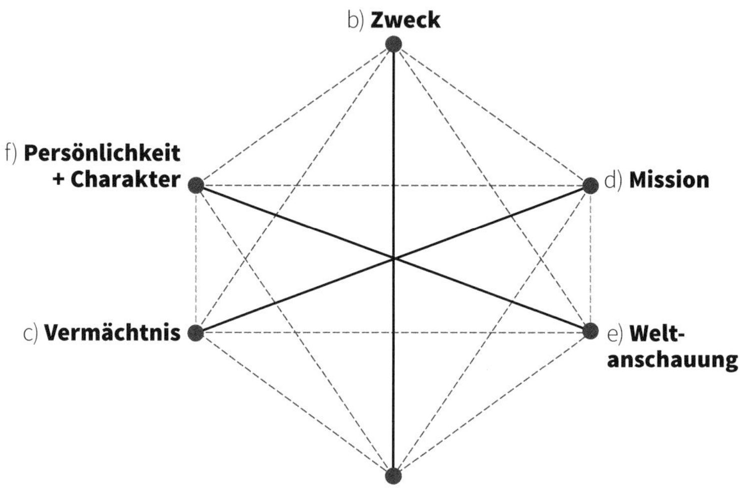

Das Identitätsmodell © Ben Schulz

a. **Welche Dinge erachtest du für dich für sinnvoll/sinnstiftend?**
b. **Welchen Wirkungsgrad mit dem, was du tust, möchtest du für andere erzielen?**
c. **Welchen Fingerabdruck auf der Welt willst du hinterlassen?**
d. **Was willst du heute dafür tun, dass dein Vermächtnis (c) ins Leben kommt?**
e. **In welchen Bereichen hat dich dein Umfeld zum Thema Weltanschauung (Religion, Ethik, soziale Werte u.s.w) geprägt?**
f. **Wie intensiv hast du dich mit deiner Persönlichkeit und deinen Charackterzügen auseinander gesetzt?**

Entwickel auf der Basis deiner Identität die 3 Fragen, nach denen du in Zukunft deine Entscheidung treffen wirst (geschäftlich/privat). **Siehe Seite 44 sowie Seite 65:** *Kann ich das zeitlich und örtlich unabhängig machen? Kann ich das automatisieren und skalieren? Und macht es Spaß?*

1. ____________________

2. ____________________

3. ____________________

KAPITEL 3

ABGRUND-TIEFBLICKE

JEDER HAT SEINEN GRAND CANYON

Die Fahrt ist wie eine einzige Reise durch verschiedene Filme. Es lässt sich kaum beschreiben, weil es etwas Unwirkliches hat. Zwischendurch denkt man: „Geil, ich mache das wirklich, was ich immer schon machen wollte". Auf der Route 66 fahren wir Richtung Flagstaff, im Norden dann biegen wir ab. Wir kommen am Grand Canyon an – den sichtbaren Kratern unseres Lebens. Der Graben ist so groß, um den zu erfassen, brauchen wir eine Metaebene. Deswegen buchen wir einen Helikopterflug, um uns das genauer anzusehen. Wir wollen sehen: Was hat Gräben und Furchen gezogen? Wo sind Klüfte entstanden, die dem Leben eine Kontur, eine Prägung geben? Was hat uns geformt? Was sind die Abschnitte im Leben, die dich zu jemanden gemacht haben, der du heute bist in deiner Identität und in dem wie du tickst, denkst und agierst? Wir wollen uns unser Leben aus einer anderen Perspektive ansehen.

Das Gesamtbild ist etwas, was du, wenn du auf dem Boden bist, nämlich kaum mitkriegst, denn du bist ja permanent drin. Das heißt, wenn du keinen Perspektivwechsel vornimmst, wirst du es auch nicht wahrnehmen. Aus diesem Grund sind wir hier. Die Helikopter-Crew ist unheimlich freundlich und hilfsbereit. Dass wir filmen durften und der Kameramann vorne im Heli sitzen durfte, war spitze. Martin hatte das Team vorher angeschrieben und gefragt, ob wir einen Flug nur für uns machen könnten, damit wir Dreharbeiten machen können. Der General Manager hat uns dann extra die Tür aufgesperrt morgens noch vor acht, weil er meinte, je früher wir kommen, desto besser ist es, weil unser Wunsch dann noch umgesetzt werden konnte. Erst hat er uns persönlich alle Helikopter gezeigt, erklärt. Als normaler Tourist bekommst du eine solche ausführliche Tour nicht.

Dann steigen wir in den Heli und es geht los. Von der Station aus fliegen wir über mehrere Wälder und sahen ... gar nichts. Ein paar Bäume, das war's. Irgendwann sagt der Pilot, dass wir gleich da sind. Man muss sich das so vorstellen: Man fliegt eine ganze Weile über ein unendlich scheinendes Meer aus Baumkronen. Plötzlich endet der Wald und nach unten öffnet sich die zuvor fast unvorstellbare Weite des Grand Canyon. Schon allein dieser erste Blick hatte eine unglaubliche Intensität. Unter uns fließt der smaragdgrüne Colorado River und die Distanz von der einen zur anderen Kante wird erst wirklich sichtbar – Wahnsinn! Und während der Helikopter fliegt, hat man das Gefühl, er steht. Alles andere als das, er fliegt 160 km/h, nur durch diese unendliche Weite, die unter einem ist, nimmt man es ganz anders wahr. Wir haben einen blauen Himmel, keine Wolken, die Sonne scheint und der Wind lässt den Helikopter ordentlich wackeln. Fast alle haben nicht gekotzt, aber nur fast – was auch wieder zu unserer Metapher passt. Wenn du dich nämlich mit dir und deinem Leben auseinandersetzt und dir die Dinge mal aus einer anderen Perspektive anguckst, kann es vorkommen, dass du an manchen Stellen das blanke Kotzen kriegst – und das passierte dann auch.

Irgendwann fragt der Kameramann, ob wir ihm mal eine Tüte nach vorne geben könnten. Da haben wir noch gedacht, er will die nur prophylaktisch vorne haben, falls was ist. Aber es ging direkt los. Zum Glück hatten wir nicht gefrühstückt. Weil das Filmen ja weitergehen musste, nahm Ben die Tüte an sich und hielt sie, bis wir wieder landeten.

Eine wirklich bezeichnende Situation und überhaupt nicht verwunderlich, wenn man über die Metapher nachdenkt. Im Angesicht mit deinem Leben fragst du dich aber zum Beispiel auch, wie du das überhaupt hinbekommen hast. Einfach nochmal zu sehen, wo ein Abgrund war und wieder damit konfrontiert zu werden, was für eine Zeit das war. Da haben wir in unserem Loch gehockt und wussten nicht, wie wir da wieder rauskommen sollten. In der Reflektion aber merkst du erst, wie sehr dich dieser Moment geprägt, wie sehr dich das Ereignis verändert und welche Spuren der Krater hinterlassen hat. Darüber bist du dir so im Alltag gar nicht bewusst, du siehst gar nicht, wie sehr dich diese Prägung kontrolliert, ohne dass du das auf dem Schirm hast. Manche Krater sind auch einfach nicht bearbeitet, meistens beim Thema Beziehungen – wie oft ist es so, dass jeder seinen Rucksack aus einer Trennung einfach wieder in die nächste Beziehung schleppt? Wir nehmen die Krater mit und wenn du dich nicht mit denen beschäftigst und dir klar wird, welchen Einfluss sie auf dich nehmen, führst du auch nicht mehr Regie.

Wir flogen 50 Minuten. Als wir wieder festen Boden unter den Füßen hatten, setzten wir uns ins Auto und fuhren an den Grand Canyon heran, parkten an einem Touristenparkplatz und folgten dann einem Wanderpfad ein wenig ins Gelände. Dort fanden wir eine schöne Ecke, wo wir an der Kante des Grand Canyons saßen und die Füße hinunterbaumeln ließen ...

MARTINS STORY

Mein persönlicher Grand Canyon, an den kann ich mich wirklich noch sehr genau erinnern, sogar an das Datum. Und das ist was Besonderes, weil ich mich normalerweise nicht gut an Daten erinnern kann, aber der 6. September 2014 war wirklich sehr einschneidend in meinem Leben. An diesem Tag bekam ich die Diagnose: Herzinfarkt. Und das hört sich jetzt vielleicht auch ein bisschen spannend an, denn normalerweise kriegt man keine Diagnose, sondern es passiert und fertig. Aber bei mir war es ein wenig anders. Ich hatte Dienstagabend noch einen Vortrag in Salzburg, bin dort über Nacht geblieben und am Mittwoch dann nach Hause gefahren. Und als ich zu Hause ankam, habe ich gemerkt, ich habe leichte Rückenschmerzen, aber wenn man ein paar Stunden Autogefahren ist, macht man sich da natürlich keine größeren Gedanken – oder sagen wir mal so, ich habe mir da keine größeren Gedanken gemacht. Ich dachte, das kommt vielleicht vom schlechten sitzen, eventuell hatte ich auch das Fenster aufgehabt und einen Zug bekommen. Also habe ich das eher ignoriert.

Am Donnerstag bin ich in der Früh dann in den Flieger gestiegen und nach Düsseldorf zu einem Kunden geflogen, wo ich zwei Tage für ein Messe-Coaching gebucht war. Die Schmerzen waren immer noch da, aber mein Gott, so ist das halt. Sie waren auch ein bisschen stärker als am Vortag, aber gerade bei einem Zug kann es ja sein, dass der sich so ein bisschen entwickelt und dann aber wieder besser wird. Im Laufe des Donnerstags wurden die Schmerzen aber noch schlimmer. Der Kunde hatte ein Abend-Event geplant – ich glaube, die wollten bowlen gehen – da habe ich dann doch vorsichtshalber drauf verzichtet. Ich bin lieber in mein Hotelzimmer gegangen und habe da versucht, die Muskeln zu entspannen mit so gymnastischen Übungen. Das sah wahrscheinlich aus wie unbeholfenes Mutter-Kind-Turnen auf dem Boden des Hotelzimmers.

Als das nicht geholfen hat, habe ich versucht, mich mit Kissen hinzulegen und zu polstern, weil ich ja immer noch dachte, ich muss einfach nur den Muskel finden und den entspannen – dann ist der Schmerz weg. Auch das hat nicht so ganz funktioniert, aber mein Gott, wie es so ist, irgendwann bin ich eingeschlafen. Freitagmorgen bin ich natürlich wieder zu meinem Kunden auf die Messe gefahren. Zu dem damaligen Zeitpunkt hatte ich schon 18 Jahre lang jedes Signal meines Körpers völlig ignoriert. Natürlich hatte ich irgendwelche Zipperlein, aber ich handelte nach dem Motto, entweder gehen die von alleine weg oder man findet was dagegen – „Gibt's da was von Ratiopharm?".

Auf der Messe habe ich dann gemerkt, dass die Schmerzen auf einmal weg waren, stattdessen aber schwitzte ich, wie ich in meinem Leben noch nie geschwitzt habe. Selbst in der Sauna habe ich nicht so geschwitzt, wie da auf der Messe. Ich saß also dort wirklich nur in der Ecke auf einem Stuhl und alle Mitarbeiter meines Kunden waren total lieb zu mir. Jeder ist vorbeigekommen und hat gesagt, wie schlecht ich aussehe und ich habe mir so versucht, Mut zuzusprechen. Aber okay, so war es halt. Ich habe versucht, den Tag irgendwie rumzukriegen, bin abends dann in den Flieger gestiegen und nach Hause geflogen. Und als ich zu Hause landete, war plötzlich alles gut. Das Schwitzen und auch die Schmerzen waren weg. Ich dachte mir, Mensch, das ist ja hoch interessant, anscheinend habe ich nur die bayerische Luft vermisst und musste nur wieder nach Hause. Freitagabend bin ich also ganz normal ins Bett gegangen. Doch am Samstag wurde ich von den Schmerzen geweckt. Die waren dann so stark, dass ich nicht mehr wusste, wie ich sitzen, stehen oder liegen soll.

Ich habe dann meine Frau gebeten: „Geh doch bitte mal schauen, welcher Arzt Bereitschaft hat und fahr mich da mal hin". Ich wollte, dass ich eine Muskelrelaxansspritze bekomme, damit sich alles wieder entspannt und gut. Doch die Ärztin, die Bereitschaft hatte, schaute sich das zwar kurz an, meinte aber dann, dass sie da gar nichts machen will und bat uns, direkt ins Krankenhaus in die Notaufnahme zu fahren. Also sind wir ins Krankenhaus gefahren. Ich habe mich dann angemeldet und gesagt: „Ich habe wahnsinnige Rückenschmerzen, ich weiß nicht, wie ich sitzen, stehen, liegen soll". Darauf bekam ich nur ein: „Ja, ja, füllen Sie das aus und setzen sich ins Wartezimmer". Wenn du selbst mit akuten Schmerzen in der Notaufnahme noch auf den eigenen Beinen stehst, wirst du überhaupt nicht richtig ernst genommen. Jeder, der sich in den Finger geschnitten hatte, aber mit dem Krankenwagen ankam, kam also vor mir dran. Etwa drei Stunden habe ich dort gewartet. Natürlich ohne Schmerzmittel, die bekommt man nur, wenn man schon untersucht wurde.

Also habe ich meine Frau gebeten, dass sie in die Apotheke fährt und mir Schmerzmittel ins Krankenhaus bringt. Ich habe die auch völlig überdosiert, weil es mir in dem Moment schon wirklich schlecht ging, aber die haben gar nicht mehr geholfen. Irgendwann war ich dann dran und der Arzt untersuchte mich, klopfte meinen Rücken ab und meinte dann: „Mhm, am Rücken haben Sie nichts. Legen Sie sich mal hin, wir machen ein EKG“. Und mir rutschte dann tatsächlich raus: „Wieso? Wenn ich was am Rücken habe, wieso machen Sie dann ein EKG? Wo haben Sie denn Medizin studiert?“. Fand der jetzt gar nicht so lustig, er hat auch keine Widerrede zugelassen und mich ans EKG angeschlossen.

Nach etwa ein, zwei Minuten, kam eine Ärztin vorbei, schaute sich diesen Ausdruck von dem EKG-Gerät an – und was dann passierte, das fasziniert mich bis heute in einer ganz komischen Art und Weise. Diese Ärztin hat nur noch ganz kurze Befehle gegeben, auf einmal waren unglaublich viele Leute um mich herum. Ich habe links und rechts in die Hände sofort Zugänge gelegt bekommen, die haben alle möglichen Sachen gemacht, und da ging es wirklich zu, Kommando, ausführen, Kommando, ausführen. Und ich habe dann irgendwann zu der Ärztin gesagt: „Mensch, bei dem, was jetzt hier gerade so los ist, ist es denn was Ernstes?“. Daraufhin sagte sie zu mir: „Sie haben einen akuten Herzinfarkt. Es ist eine Sekunde vor 12, es kann jetzt jede Sekunde der Verschluss kommen, wir müssen Sie sofort in den OP bringen“. Und dann haben die mich original mit dem Bett im Laufschritt geschoben. Das habe ich noch nie erlebt. Ich habe jetzt nicht so wahnsinnig viele Haare, aber selbst die haben im Wind noch geflattert, als die mich aus der Notaufnahme rausgeschoben haben. Draußen saß meine Frau, die ja auch noch nicht wusste, was los ist und ich wurde wirklich rennend an Ihr vorbeigeschoben, habe Ihr kurz zugewunken und gerufen: „Ich habe einen Herzinfarkt!“. Und zack, ging es weiter in den OP.

Da lag ich dann und das ist ziemlich interessant zu sehen, weil du bist bei Bewusstsein. Du bekommst eine Lokalanästhesie und kannst aber alles sehen. In Situationen, in denen ich mich nicht wohlfühle und die ich nicht unter Kontrolle habe, mache ich blöde Sprüche. So auch da. Der Arzt hat mir ein Loch in die Leiste gepikst und ist mit einem Katheter in mein Herz und hat sich das alles angeschaut, immer wieder Kontrastmittel gespritzt, geguckt, wo der Verschluss ist und ich habe dumme Sprüche gemacht. Irgendwann hörte ich den Arzt zu seiner Assistenzärztin sagen: „Ich glaube, wir müssen den Vogel sedieren, der nervt". Und da habe ich gesagt: „Ne, ich will keine Vollnarkose, ich bin jetzt auch ruhig, ich versuche, mich zusammenzureißen". Irgendwann war es dann so, dass der Arzt, der bei mir den Katheter gelegt hatte, gesagt hat: „Okay, wir müssen aufmachen". Das fand ich natürlich gar nicht so schön. Im Nachbarraum saß aber noch ein weiterer Kardiologe, der hat das alles am Monitor überwacht, und so habe ich mitgekriegt, dass sie irgendwie fünfmal versucht haben, durch diese Engstelle zu kommen, um den Stent setzen zu können und haben es nicht geschafft.

Und es ist wohl so, dass sie nach fünfmal dann aufhören und sagen: „Okay, jetzt müssen wir einen Bypass legen". Der Kardiologe im Nebenraum, der alles am Monitor überwacht hatte, meinte dann: „Na, komm, du bist so knapp davor, probier' es ein sechstes Mal. Ich glaube, das geht". Und Gott sei Dank, beim sechste Mal ist er durchgekommen, konnte den Stent setzen und ich bin glücklicherweise um die große OP drum rumgekommen. Ich dachte dann: „Okay, super, jetzt sitzen da zwei Stents drin und ich kann jetzt nach Hause gehen". Wollte wirklich vom OP-Tisch aufstehen, woraufhin mich der Arzt fragte, was ich denn vorhabe. „Naja, also jetzt kann ich ja nach Hause, fließt ja wieder alles und ist gut". Antwortet er: „Ne, ne, ne, ne, Sie kommen zwei Tage auf die Intensivstation zur Beobachtung". „Wie, was, auf die Intensivstation? Da liegen doch die Kranken". „Was haben Sie sich denn vorgestellt?". „Naja, ich hatte schon mal so eine Rohrreinigungsfirma zu Hause und wenn das Rohr wieder frei ist, fährt die auch wieder". „Ihr wievielter Herzinfarkt ist das denn?". „Mein erster". „Mhm, das ist mein 500. Sie tun besser, was ich sage".

Dann haben sie mich auf die Intensivstation gelegt – die Schmerzen hatte ich allerdings immer noch und mir wurde auch gesagt, das dauere etwas, bis die vergehen. Also habe ich gefragt, ob ich was gegen die Schmerzen haben kann. Da haben sie mir Morphin gespritzt, und irgendwie wurde mir daraufhin sehr, sehr komisch. Ich bin jemand, ich klingle nicht gern nach einer Schwester, weil ich mir immer denke, die haben genug zu tun, die müssen sich jetzt nicht auch noch um mich kümmern. Und da habe ich dann tatsächlich gesagt: Ich muss jetzt mal klingeln. Aber ich kam nicht mal mehr bis zum Klingelknopf. Davor fing mein Monitor an Alarm zu geben und ich habe tatsächlich auch nicht mehr dieses Piep, Piep gehört, sondern eine durchgängige Nulllinie, wie es so schön heißt. Und in dem Moment habe ich realisiert: Mein Herz hat aufgehört zu schlagen. Jetzt war ich also irgendwo zwischen lebendig und tot. Ich war nicht mehr so wirklich am Leben, weil das Herz ja nicht geschlagen hat. Tot im medizinischen Sinne ist man aber erst, wenn der Hirntod eintritt. Es war das, was viele Menschen als Nahtoderfahrung schildern und vieles von dem ist passiert, was man immer wieder in Berichten liest. Ruckzuck war ein ganzes Ärzteteam da. Die Intensivstation ist natürlich ein guter Ort für einen Herzstillstand, da ist sofort jemand da, der dir helfen kann. Und das habe ich tatsächlich von außerhalb meines Körpers mitbekommen. Irgendwie konnte ich die Szene von oben beobachten. Erklären kann ich das nicht, aber ich kann beschreiben, wie es war.

Ich habe also tatsächlich mitbekommen, was sie gemacht haben. Mir wurde Atropin gespritzt, der Defi wurde bereitgestellt, falls das nicht wirken sollte. Doch es wirkte. Ich habe währenddessen nicht mein gesamtes Leben gesehen, aber etwas anderes, was sehr prägend für mich war. Ich hatte Rückblenden und Flashbacks von gewissen Bildern aus meinem Leben, die anscheinend für mich relevant und wichtig waren. Im Nachgang hat genau das mich sehr zum Nachdenken gebracht. Alles, was ich immer für wichtig gehalten hatte, kam nämlich in den Flashbacks nicht vor. Ich habe nicht mein Auto, mein Haus oder meinen Kontostand gesehen, ich habe gesehen, wie ich mit meiner Frau vor dem Traualtar stehe. Ich habe Begegnungen mit Menschen gesehen, mit denen ich einfach einen tollen Abend, mit tollen Gesprächen verbracht hatte. Da habe ich realisiert, dass das die Dinge sind, auf die es ankommt. Ich sah Erlebnisse, statt das, was ich erreicht oder mir gekauft hatte. Das hat mich nachhaltig geprägt und lange in mir gearbeitet. Das arbeitet bis heute in mir, sodass ich wirklich sage: Mein Ziel ist, mit Erlebnissen zu sterben, statt mit Träumen.

Mein Ziel ist nicht, der Reichste auf dem Friedhof zu sein, sondern mein Leben so zu leben, dass es mich erfüllt, mir guttut und mir einen richtig schönen Flashback-Moment geben kann, wenn ich sterbe. Was vielleicht auch noch interessant ist an dieser ganzen Geschichte, ist die Tatsache, dass ich mich in der ganzen Zeit, wo mein Herz nicht geschlagen hat, unfassbar wohl gefühlt habe. Das war super angenehm. Ich hatte also nicht dieses Gefühl: „Hey, ich will noch leben", oder dass ich panisch war oder so, sondern der ganze Druck ist von mir abgefallen. Druck, den ich vorher gar nicht wahrgenommen habe. Der ist abgefallen, ich habe mich einfach nur pudelwohl gefühlt. Ich fand, so wohl habe ich mich lebend nie gefühlt. Und das war so eine zweite wichtige Geschichte, dass ich gesagt habe: Wenn ich fühle, dass Druck von mir abfällt, den ich vorher gar nicht bemerkt habe, dann sollte ich mal ein bisschen genauer hinschauen, wie ich mein Leben lebe.

Irgendwann hat es dann klick gemacht und alles war schwarz, ich habe auch nichts mehr mitbekommen. Das war der Moment – hat mir der Arzt oder die Ärztin hinterher dann gesagt – wo mein Herz wieder zu schlagen angefangen hat, ich war also einfach bewusstlos und habe aber auch wirklich nichts mehr mitbekommen. Aber davor war das so ein Zwischenstadium. Als ich wieder wach wurde, war mein erster Gedanke: „Was ist jetzt gerade passiert?". Und was ich positiv fand war, dass ich keine Panik hatte so nach dem Motto „ich will doch noch so viel erleben". Ich habe bis dahin in meinem Leben auch Dinge gemacht, die ich einfach machen wollte, und es war jetzt nicht so, dass ich gesagt habe: „Mensch, ich muss noch so viel erreichen, habe noch so viel vor". Sondern ich habe einfach gesagt „es wäre okay gewesen, wenn es final gewesen wäre". Es war mir so natürlich viel lieber, das ist ja vollkommen klar. Ich lebe gerne und ich bin gerne auf dieser Welt und es macht mir unglaublich viel Spaß, aber logischerweise hat sich da mein Fokus verändert. Und diese Fokusveränderung wurde noch viel stärker, als ich in die Reha kam. In der Reha-Klinik, da wirst du nämlich erst mal völlig auf dich selbst zurückgeworfen.

Und der Graben, der Grand Canyon, vor dem du dann stehst, ist tatsächlich, wenn du dich bisher – und das war bei mir der Fall, das hatten wir ja auch im letzten Kapitel schon angesprochen – über deinen Beruf stark definiert hast – in meinem Fall über die Anerkennung, die ich da bekomme oder das Schulterklopfen – das ist alles weg und du hast keine Ahnung, wann das wiederkommt. Ich wusste nicht, wann ich wieder arbeitsfähig bin. Also war ich vollkommen auf mich gestellt. Und ich weiß noch, der Arzt, der mich in der Reha-Klinik aufgenommen hat, hat zu mir gesagt: „Herr Sänger, Sie haben jetzt drei Wochen Zeit, nur das zu machen, woran Sie persönlich Spaß haben". Das hört sich erst mal sehr verlockend an, aber bereits am zweiten Tag habe ich gemerkt, dass das ein richtig harter Satz war, weil ich gar nicht mehr wusste, was mir Spaß macht, weil meine Arbeit jegliches Privatvergnügen in 18 Jahren verdrängt hatte. Ich habe gemerkt, dass ich jedes Hobby, das ich mal hatte, aufgegeben habe. Ich habe fotografiert, ich habe gekocht, ich war tauchen, also ich habe tatsächlich einige Hobbys gehabt, die habe ich alle nicht mehr ausgeführt. Ich habe nur noch gearbeitet. Und dann saß ich da und dachte mir, okay, was macht mir denn Spaß oder was stellt mich denn zufrieden, wenn es nicht die Arbeit ist?

Und das hat mich wirklich schockiert, dass ich an dem Punkt in meinem Leben stehe. Jetzt rückblickend betrachtet, war es gut und auch sehr heilsam für mich, weil ich gemerkt habe, es kann nicht sein, dass ich mich ausschließlich über die Arbeit definiere und überhaupt nichts Privates mehr habe, gar nichts. Das ist auch so ein Punkt, an dem ich seit dieser Zeit ganz massiv gearbeitet habe. Dass ich wieder schaue, was ist im privaten Bereich etwas, was mich zufriedenstellt, was mich ausfüllt. Dass ich auch das, was mir meine Arbeit gegeben hat, mehr in die Balance bringen kann, dass ich nicht so allem hinterherhecheln muss, wie ich das getan habe. Muss ich ja ehrlicherweise eingestehen. Es ist zwar hart, diese Erkenntnis zu gewinnen, aber es ist auch sehr heilsam, weil ich mein Leben jetzt schon sehr, sehr anders gestalte, als ich das davor getan habe.

Es gab noch einen Moment, wo ich in der Reha-Klinik dachte, das kann nicht sein. Ich habe dort einen Vorstand von einem großen Konzern kennengelernt, der tatsächlich jeden Tag von der Reha-Klinik aus mit seinem Büro telefoniert hat. Ich hab ihn dann darauf angesprochen: „Sag mal, wir sind hier gemeinsam in so einer Anti-Stress-Gruppe und da wird gesagt, hier Leute, keinen Kontakt irgendwie zum Business". Daraufhin sagte er: „Ne, die denken alle, ich bin im Urlaub. Weil, wenn die rauskriegen, dass

ich einen Herzinfarkt hatte, dann bin ich weg vom Fenster, dann kann ich meinen Posten vergessen". Ein wirklich harter Satz, der einen darüber nachdenken lässt, in was für einer Welt wir da alle im Business unterwegs sind. Die Leute sehen von außen natürlich, der ist Vorstand von einem Konzern, den viele Menschen natürlich kennen und von dem gesagt wird: „Der muss es geschafft haben". Natürlich, der verdient sicherlich gutes Geld, hat wahrscheinlich auch ein schönes Haus, ein schönes Auto. All die Sachen, denen ich ja auch so ein bisschen hinterhergejagt bin. Aber was hat er denn davon, wenn er sogar in der Reha-Klinik quasi eine Art Fassade aufrechterhalten muss, aus Angst, das alles zu verlieren? Mit ihm habe ich auch oft geredet und er hat gesagt: „Ja gut, also es ist einfach im Business so, wenn du Schwäche zeigst, bist du weg vom Fenster". Und in dem Moment habe ich das für mich auch realisiert. Meine Kollegen besprachen nämlich untereinander und mit mir, als ich noch im Krankenhaus lag, ob ich denn spinnen würde, zu posten, dass ich einen Herzinfarkt hatte, jetzt würde mich doch keiner mehr buchen.

Und Gott sei Dank bin ich in dieser Welt eben nicht zu Hause gewesen, auch damals schon nicht. Die Kollegen haben alle gesagt: „Jetzt ist er durch. Der kommt nicht mehr auf die Beine und der wird nie wieder einen Auftrag von einem Kunden kriegen". Aber das war für mich so, dass ich gesagt habe: „Okay, ich muss es riskieren". Ich wollte offen mit der Thematik umgehen, ich habe wirklich auf Facebook gepostet, dass ich einen Herzinfarkt hatte.

Und wie ich dann nach Hause gekommen bin, waren da Blumen, da waren Grußkarten – da waren so viele Sachen und alle von meinen Kunden. Der Tenor meiner Kunden war tatsächlich: „Mach dir keine Gedanken, werde in Ruhe gesund. Wir buchen keinen anderen Trainer, wir wollen mit dir weiterarbeiten, egal wie lange es dauert". Und das war so der Kloß-im Hals-Moment von der Story. Ich stand da, habe auf Blumensträuße und Pralinenschachteln und sowas geguckt und da sind mir echt die Tränen gekommen. Ich dachte nur: „Was habe ich für geniale Kunden". Und tatsächlich haben die alle Wort gehalten. Das finde ich ja auch super klasse. Als ich dann wieder gemerkt habe, ich bin arbeitsfähig, habe ich das meinen Kunden mitgeteilt und echt auf Knopfdruck war mein Kalender wieder voll und ich habe genauso weitergearbeitet wie zuvor.

Der aufmerksame Leser wird es schon erkennen: keine gute Idee. Weil, das Arbeiten wie zuvor hat ja genau zum Herzinfarkt geführt. Ziemlich genau ein Jahr nach meinem Herzinfarkt, lag ich in Hamburg in einem Hotelzimmer und hatte auf einmal so ein Druckgefühl in der Brust und dachte mir, das ist nicht gut. Du bist ja dann tatsächlich auch ein bisschen übersensibel für solche Symptome. Ich hatte am Handy schon die 112 gewählt, hatte aber noch nicht auf Anrufen gedrückt, und dachte mir: „das kann es doch nicht sein, innerhalb von einem Jahr den zweiten Herzinfarkt. Es hat sich so angefühlt, Beklemmungen in der Brust, Arm hat gekribbelt, so das Klassische – wirklich alles nicht so schön. Aber es ging dann vorbei. Und ich habe mindestens eine Stunde überlegt, soll ich ins Krankenhaus, soll ich einen Notarzt rufen, soll ich nicht? Ich habe dann meine Frau angerufen und gefragt, was ich machen soll. Sagt Sie: „Nichts riskieren". Ich habe ihn trotzdem nicht gerufen, den Notarzt. Ich habe gesagt: „Ich schlafe jetzt erst mal und das Schlimmste, was passieren kann, ist, dass ich nicht mehr aufwache". Ist nicht passiert, Gott sei Dank, aber ich bin aufgewacht mit der Erkenntnis, ein Jahr nach meinem Herzinfarkt, dass ich tatsächlich nicht so weitermachen sollte wie zuvor, sondern wirklich mein Leben ändern muss.

Ich bin also zu meinem Kunden gegangen, bei dem ich am nächsten Tag das Training hatte und habe gesagt: „Okay, wir machen das Projekt noch fertig, aber ich stehe ab Ende des Jahres nicht mehr als Trainer zur Verfügung". 200 Nächte im Hotel pro Jahr, die ganze Reiserei, nur aus dem

Koffer leben und da musste ich sagen: „Das packe ich nicht mehr. Das geht nicht mehr und das will ich auch nicht mehr". Und dann habe ich auch per E-Mail schon mal ein paar andere Kunden informiert, bin heimgeflogen und auf dem Heimflug kam mir so der Gedanke: „Wow, ich habe gerade meine Existenz weggeschmissen. Vielleicht hätte ich so eine Entscheidung mit meiner Frau besprechen sollen".

Zu Hause angekommen, sagte ich zu ihr: „Schatz, ich muss dir was Wichtiges sagen. Ich habe gerade meinen Kunden gesagt, dass ich ab Ende des Jahres nicht mehr zur Verfügung stehe". Meine Frau hatte Tränen in den Augen, hat mich umarmt und gesagt: „Gott sei Dank". Sie hat schon lange erkannt, was ich für einen Quatsch mache, indem ich einfach so weitergemacht habe wie zuvor. Sie hat aber einfach nichts gesagt, weil sie sich nicht einmischen wollte. Sie hat immer nur gefragt, ob es mir gut geht, ob alles okay ist, ob ich das packe, und ich habe immer nur gesagt: „Ja klar, kein Thema". Aber da war mir klar, ich muss tatsächlich grundlegend was ändern. Ich muss wirklich schauen, wie kriege ich jetzt zukünftig meine Brötchen verdient, ohne dass ich 200 Tage im Jahr irgendwo in einem Hotelzimmer unterwegs sein muss und auch ohne den Druck zu haben, zu einem bestimmten Zeitpunkt an einem bestimmten Ort zu sein. In dieser Zeit sind die drei Fragen entstanden: Kann ich das zeitlich und örtlich unabhängig machen? Kann ich das automatisieren und skalieren? Und macht es Spaß? Ich habe ein Jahr dafür gebraucht, um das im Kopf klar zu kriegen. Und ich habe das gute Gefühl, dass trotzdem alles weiterläuft und mir nicht irgendwas zusammenbricht, nur weil ich jetzt nicht irgendwo anders bin, wo ich sein sollte. Das waren so meine großen Erkenntnisse aus meinem riesen Crash im Leben, den ich da hingelegt habe.

Zum Schluss habe ich noch einen Wunsch. Immer wenn ich meine Geschichte erzähle, ist mir eines ganz bewusst: Hätte mir jemand vor meinem Herzinfarkt so eine Geschichte erzählt, hätte ich immer gesagt: „Mensch, tragisch und er hat ja auch recht, aber mir passiert das ja nicht". Und das ist genau der Punkt. Wir machen hier unsere Schatulle auf und reden aus unserem Innersten – wenn wir es schaffen, dem ein oder anderen einen Impuls zu geben, sein Leben anzuschauen und zu schauen, ob er nicht irgendwo mal besser einen Gang runter schaltet. Oder vielleicht auch zwei oder drei Gänge und auch mal eine längere Pause einlegt – wenn wir es hinkriegen, dass einer sagt: „Jawohl, das ist mein Learning, das ist das, was ich mitnehme aus dem Buch", dann habe ich mein Ziel voll erreicht. Weil, ich glaube, wenn so eine Geschichte, wie ich sie erlebt habe, für irgendetwas gut sein sollte, dann dafür, dass man selber eine Erkenntnis gewinnt und es vielleicht schafft, diese Erkenntnis anderen zu vermitteln, damit die nicht den gleichen Mist durchmachen müssen. Das ist meine Geschichte, mein Crash, mein Grand Canyon, der sich am 6. September 2014 aufgetan hat. Und das Positive daran ist, am 6. September ist meistens noch besseres Wetter als an meinem eigentlichen Geburtstag – jetzt feiere ich halt immer draußen im Garten, statt im Winter eingepackt am Feuerchen.

BENS STORY

Grand Canyon ist eine ziemlich coole Metapher, weil ich glaube, dass unser Leben wie eine Landkarte ist und auf dieser Landkarte hinterlassen all die Dinge, die wir erleben, unterschiedliche Spuren. Ob das jetzt ein Krater ist, eine Schlucht ist, ob es durch ein Erdbeben eine Verschiebung gegeben hat oder ob ein Waldbrand eine komplett verbrannte Area hinterlässt – ich glaube, dass all diese Erlebnisse auf unserer Landkarte bleiben. Es gibt sehr kluge Leute, die sagen: „Jetzt lass uns mal darüber nachdenken, wozu uns das Leben einladen möchte“. Manchmal fange ich schon an zu schmunzeln, wenn ich sowas höre. Besonders beliebt ist auch: „Was kann man aus der Krise lernen“, oder: „Mach aus einem traurigen Lied eine Melodie“. Als ich meinen Crash erlebte, war ich für solche Sprüche völlig unempfänglich. Da hab ich eher das Kotzen gekriegt.

Bei mir reihten sich damals unterschiedliche Situationen aneinander. Ich bin sehr früh in die Selbstständigkeit gegangen. Ich war sehr schnell Geschäftsführer, indem ich Gesellschafter geworden bin. Mit meinem damaligen Partner zusammen sind wir also gewachsen mit Mitarbeitern und allem Drum und Dran. Mit Anfang, Mitte 20 bist du auf einmal Unternehmer, das Unternehmen wird größer, du stellst Mitarbeiter ein usw. Und du merkst zum ersten Mal, dass du auch Fehlentscheidungen triffst.

In meinem ersten Crash bin ich mit meinem damaligen Geschäftspartner durch Unwissenheit und weil ich nicht früh genug die Reißleine gezogen habe, in eine finanzielle Situation gerauscht, die massiv war. Ich habe damals mit einem Fingerschnipp eine viertel Million versenkt, weil ich nicht schnell genug reagiert hatte. Als ich dann reagierte, war es kurz vor 12, ich war insolvent. Ich hatte damals 15 Mitarbeiter, es lief alles richtig bergauf. Alles war auf Erfolg programmiert, die Umsätze waren Hammer, wir waren im ganzen deutschsprachigen Raum unterwegs. Und plötzlich hatte ich die Banken im Nacken. Jeden zweiten Tag rief der Steuerberater an. Es gab Phasen, wenn ich da nur die Nummer des Steuerberaters auf dem Display hatte, schlug mein Herz bis zum Hals. In der Zeit hatte ich einen der krassesten Momente meines Lebens. Damals war ich noch mit meiner ersten Frau verheiratet und unser erster Sohn war geboren.

Nachdem ich an diesem Tag meinen Mitarbeitern ihren Lohn bezahlt hatte, kam ich an einem Freitag nach Hause und sagte zu ihr: „Du, pass mal auf Schatz, Windeln für den Kleinen können wir nicht kaufen, ich konnte mir kein Gehalt auszahlen, ich habe erst die Mitarbeiter bezahlt. Wir müssen auswaschbare Windeln benutzen am Wochenende, weil wir keine kaufen können". Zu der Zeit waren wir happy, wenn unsere Eltern uns einen 50er oder 100er hingehalten haben, damit wir einkaufen gehen konnten.

Ich habe heftige Existenzängste gehabt und kämpfte stark mit dem Gefühl, ich könne meine Familie nicht ernähren. Ich habe heftig unter Druck gestanden. Es gab dann auch eine Gerichtsverhandlung, eine richtig dicke Nummer vor dem Landesgericht, das ganze lief ein Jahr. Ich konnte mich nur noch darauf konzentrieren, ich bin abends mit dem Gedanken eingeschlafen und morgens vor Angst wachgeworden. Der Druck lähmte mich dann auch teilweise. Ich musste manchmal nach zwei Stunden das Büro wieder verlassen, weil ich das Gefühl hatte, durchzudrehen. Das hat mich damals in eine Situation gebracht, in der ich massiv mit meinen Ängsten konfrontiert war – ich hatte das Gefühl, da zieht mir jemand den Boden unter den Füßen weg.

Das ganze Thema löste dann eine Kettenreaktion aus, die dazu führte, dass ich mir einen Schwur setzte: „Das passiert dir nie wieder. Ich ziehe die Karre jetzt aus dem Dreck, koste es, was es wolle." Eigentlich hätte ich als Geschäftsführer sagen müssen: „So, ich bin durch". Stattdessen habe ich Bausparverträge und Lebensversicherungen gekillt, hab alles zusammengekratzt und noch reingepumpt, aber das war nichts, das Geld habe ich komplett verloren. Vor Gericht gab es dann buchstäblich die Situation: Einem nackten Mann kann man nicht in die Taschen greifen. Bei dem, der mir Geld schuldete, war nichts mehr zu holen. Deshalb musste ich an der Stelle verzichten.

Wie schon gesagt, das war das einzige, was ich noch im Kopf hatte. Ich habe die Arbeit völlig maßlos übertrieben. Es gab nichts anderes mehr, ich hatte ja auch eine gute Ausrede. Ich habe ja immer gesagt: „Ich muss meine Welt retten. Ich muss meine Existenz retten. Ich muss meine Familie, meine Mitarbeiter", und, und, und ... ich habe in dem Moment einfach sämtliche Dinge vernachlässigt. Also ganz zu schweigen von mir. Aber was ich vernachlässigt habe, ist sicherlich, dass ich nicht mehr mit dem Kopf zu Hause war, nicht mehr bei der Familie, damals nicht bei der Frau und nicht bei meinen Kindern. Auch drum herum das soziale Umfeld, ob das Freundeskreis war, ob das weitere Familie wie Onkel, Tanten, Großeltern waren, alle habe ich einfach mega vernachlässigt. Es gab für mich ja nur noch eins: „Da, wo ich bin, ist Norden". Und ja, ich habe es auch irgendwie hingekriegt, dass ich die Karre aus dem Dreck gezogen habe und dann kam auf einmal für mich der nächste Schlag. Der nächste Schlag hieß dann, dass ich auf einmal gemerkt habe, du hast es völlig übertrieben, und auf einmal machte sich mein Körper bemerkbar. Ich hatte zum Glück damals keinen Herzinfarkt, aber ich habe mich wiedergefunden im Rettungswagen auf dem Weg in die Klinik, mit Verdacht auf Herzinfarkt.

Der Arzt sagte damals, das wäre eine Generalprobe gewesen. Also wenn ich älter gewesen wäre, sagte er, hätte ich einen gehabt. Das war für mich eine ziemlich krasse Erfahrung. Zu merken, dass ich über meinen Energiehaushalt hinaus gehaushaltet habe. Und das hat sicherlich dazu geführt, dass ich einfach körperlich so am Anschlag war, dass ich merkte, ich bin energetisch so im Keller – heute würde man sagen, man hat einen Burnout gehabt, einen Erschöpfungszustand. Das war teilweise so extrem, ich kann mich an zwei Situationen erinnern: Die erste war, ich bin nach Hause gefahren von der Arbeit, bin bei mir auf den Hof gefahren, habe das Auto abgestellt, habe kurz die Augen zugemacht, habe mich kurz nach hinten gelegt und bin eingepennt, in der Karre!

Die zweite Situation war im Büro. Ich bin am helllichten Tag einfach eingepennt, weil ich so kraft- und energielos war, es ging nichts mehr. Ich habe ständig versucht, mich auf einem Pegel zu halten. Und als ich das gemerkt habe, habe ich für mich entschieden: „Okay, Ben, das geht so gar nicht". Ich bin dann freiwillig für sechs Wochen in eine Reha-Maßnahme gegangen. Und das war gefühlt eine Vollbremsung bei 200 km/h. Du fängst dann an, dich mit Themen auseinanderzusetzen, mit dir selber. Du fängst das erste Mal an, Dinge mit dir auszumachen und dann stellst du auf einmal fest – und da kam jetzt das nächste Dominosteinchen, was dann umgefallen ist – Ben, deine Ehe ist ganz schön im Arsch. Wir hatten einen zweiten Sohn und on top noch zwei Zwillingsmädchen bekommen, hatten uns aber völlig auseinandergelebt. Jeder hatte sein Leben. Ich hatte mein Extrem und sie war zu Hause. Das hat natürlich Spuren hinterlassen. Wo ich mich damals wiedergefunden habe, war vor dem Scherbenhaufen meiner Beziehung. Ich habe meine Rollen nicht im Griff gehabt. Meine Rolle mit mir selber, meine Rolle dann in der Firma als Inhaber, Geschäftsführer, meine Rolle als Ehemann und Partner, meine Rolle als Vater. Und ich habe auf einmal gemerkt, das ist wie wenn ein Kartenhaus zusammengekracht. Wir haben dann eine Paartherapie gemacht, um festzustellen, es ist alles so kaputt, dass es nicht mehr lösbar miteinander ist. Wir haben einfach nicht mehr auf der gleichen Ebene miteinander kommuniziert. Und wir waren so weit auseinander, dass ich damals in der Paartherapie die Reißleine gezogen habe, nachdem einfach klar war, das geht so nicht. Es gab nur noch Kampf. Es war klar, wir werden uns trennen.

Was den nächsten Krater gerissen hat, war, dass ich Vater war. Ich hatte eine Verantwortung. Ich habe meine Kinder nicht zum Spaß in die Welt gesetzt, meine Kinder und meine Familie sind mir sehr wichtig. Aber wie werde ich denn jetzt in der Rolle als Papa meinen Kindern auch wieder gerecht? Und das war für mich eine wirklich große Herausforderung, weil ich dann von Zuhause weg war. Zwar war alles irgendwie in der Gegend, aber ich hab schon gemerkt, du fängst auf einmal an, völlig neu zu sortieren. Ich geriet mit meiner Identität völlig ins Chaos.

Es war nichts sortiert. Es war nichts geordnet, es war alles durcheinander. Die einzige Rolle, die ich noch im Griff hatte, war dann irgendwann die Rolle im Büro, weil ich dort wusste, wer ich war. Ich habe ja schon erzählt, dass ich nachts im Büro gepennt hab. Weil, alles andere war ja irgendwie nicht mehr. Ich war wirklich auf der Suche nach mir selbst. Und das habe ich nur durch den Frontalaufschlag, den ich da hingelegt habe, gemerkt. Wir kommen beide aus Pastorenfamilien. Ich sage dir das ganz ehrlich: Ich habe mehr Schiss gehabt, meinem Papa zu sagen, dass ich mich von meiner Frau trenne, als meiner Frau zu sagen, ich komme nicht mehr nach Hause.

Gerade als Pfarrers- oder Pastorensohn kann man sich doch nicht von seiner Frau scheiden lassen und schon gar nicht, wenn man Kinder hat.

Es folgte das Unvermeidliche, ich verlor einen Großteil meiner Freunde, meines sozialen Umfelds. Die meisten schlugen sich auf die Seite meiner Exfrau und ich stand völlig alleine da. Und auf einmal fragst du dich, wer bin ich denn eigentlich noch? Bin ich überhaupt noch was wert? Klar, ich hatte eine Firma, die ich auch wieder aus der Scheiße gerissen hatte, aber ich war gesundheitlich am Anschlag, meine Beziehung war kaputt – jetzt musste ich gucken, dass ich mein Leben wieder auf die Rolle kriege. Wie würde ich mit der Rolle Papasein umgehen? Das waren für mich schon mittelschwere Waldbrände, Vulkane, Erdbeben, Krater. Das war eine Wüstenlandschaft, wo ich mich wiederfand und ich dachte auch damals, dass ich da nie wieder rauskomme. Ich hatte nichts mehr im Griff. Aber – wie sagt man so schön – Führungskräfte und Manager, die haben keine Ängste, die haben nur Befürchtungen.

Ich sage dir ganz ehrlich, mir ist damals der Arsch richtig auf Grundeis gegangen. Ich kann mich an Situationen erinnern, da habe ich meinen Papa nachts um drei aus dem Bett geklingelt, weil ich das Gefühl hatte, ich drehe in meiner neuen Wohnung durch. Ich kriege einen Vollknack. Also das waren Momente, wo ich so massiv mit mir und meinem Leben und meiner Identität konfrontiert worden bin, wo immer wieder die Frage aufkam: „Wie willst du die Rollen in Zukunft füllen? Was ist dir wichtig?". Und ich merke bis heute, das ist eine riesen Herausforderung. Ja, ich habe angefangen, an vielen Stellen mehr und mehr zu entscheiden und zu sagen: Es ist gut jetzt, Dinge anders zu machen als vorher. Aber ich merke, wie krass schwierig und kompliziert das ist, sich das jeden Tag vorzunehmen und wie schnell man in diesem Hamsterrad drin ist.

Also wenn du einmal auf einer Vollgasstraße unterwegs warst, wenn du vom Typ her so bist, dass du eigentlich immer im roten Drehzahlbereich fährst, dass du das liebst, im roten Drehzahlbereich zu fahren und dass du im Endeffekt deine Kontrollmechanismen und die Frühwarnsignale sehr, sehr spät erst wahrnimmst – eigentlich immer erst, wenn es kurz vor 12 ist – das macht uns ja auch aus. Die, die im Business erfolgreich sind, zeichnet auch aus, dass sie das können. Andere würden vielleicht schon auf der Hälfte der Strecke sagen: „Boa, das ist mir jetzt too much, ist zu viel". Aber wenn wir mit Vollgas unterwegs sind, kriegen wir das nicht mit. Wir sehen nicht, wann es zu viel ist. Und vielleicht solltest du für einen Moment mal innehalten, mal kurz pausieren und überlegen, kann das hier so weitergehen? Das war für mich in den darauffolgenden Jahren eine echte Herausforderung. Die Scheidung war durch, ich musste mir ein neues Leben aufbauen, eine neue Home Base kreieren, um einfach das Gefühl zu haben, wieder wo angekommen zu sein.

Ein weiterer Crash in meinem Leben kam dann im Oktober 2015. Ich war mit meiner neuen Partnerin und heutigen Frau unterwegs zu einem Geburtstag eines Freundes. Wir sind die A5 runter, um auf die A8 Richtung Pforzheim, Stuttgart zu fahren. Da war ein Autobahnzubringer, es war abends um sechs Uhr und ich sehe nur noch aus dem Augenwinkel, dass ein Lieferwagen ganz links außen, da war es vierspurig, wir waren ganz rechts, uns immer näherkommt. Und ich denke nur: „Der wird doch jetzt bremsen?“. Ich hatte das noch nicht mal fertig gedacht, da kracht es und der Lieferwagen fährt uns hinten rein und schiebt uns zur Leitplanke am Brückengeländer. Wir überschlugen zweimal und blieben dann liegen.

Das lief ab wie in Zeitlupe. Die Airbags gingen auf, ich brachte meinen Arm noch schützend vor meine Frau und im Kopf hatte ich nur: meine Kinder. Das verrückte daran: Ich wusste, hier ist es nicht vorbei. Das Glas splitterte und alle Sachen flogen durchs Auto, wir überschlugen uns und das Auto blieb auf meiner Seite liegen, meine Frau saß also im Fahrzeug über mir. Erstmal schaute ich, ob etwas gebrochen ist, ob es Verletzungen gibt und fragte sie: „Alles okay?“. „Alles okay.“

Was ich als nächstes sagte, war: „Wir hätten früher heiraten sollen“ – zu diesem Zeitpunkt waren wir noch nicht verheiratet. Wir hatten es uns vorgenommen, alles war schon in Planung und das erste, was ich im Kopf hatte, war, wir hätten schon längst heiraten sollen. Es ist heftig, was dir für Sachen durch den Kopf gehen, die dir auf einmal wichtig sind. Wir waren beide unbeschadet, sind an der Seite durch das Dachfenster aus dem Auto rausgekrabbelt und da waren einige Leute, die uns sofort gefragt haben, ob alles gut ist usw. Wir haben mehr als nur zwei Schutzengel gehabt in diesem Moment, es hätte völlig anders ablaufen können. Auch, weil es auf einer Brücke passiert ist. Wir standen neben dem Fahrzeug, ich hatte nur einen

Finger gebrochen, weil ich das Lenkrad festgehalten hatte und natürlich Prellungen hatten wir ohne Ende, aber wir sind raus, standen neben dem Trümmerhaufen von Auto und hatten nichts.

Wir hatten uns nicht nur körperlich überschlagen, sondern auch seelisch. Der Körper versuchte sich in den nächsten zwei, drei Wochen zu regenerieren, ich fühlte mich wie nach einem Boxkampf. Das sind einfach enorme Kräfte, die da wirken. Wir fuhren damals in einem dicken Geländewagen – zum Glück. Ich glaube, wenn wir ein anderes Fahrzeug gehabt hätten, das wäre anders abgegangen. Auf einmal hinterfragte ich vieles. Fragte mich, was eigentlich wirklich wichtig ist, was überhaupt zählt. Ich habe mich gefragt, was eigentlich mein Big Picture ist für mein Leben, für meine Selbständigkeit, für meine Kinder, für meine Ehe. Das Dramatische war, ich hatte keine Antwort darauf. Das war so ätzend! Ich merkte aber, wie sich alles verschob. Ich fing an, mir über meine Prioritäten Gedanken zu machen. Zum Jahreswechsel haben meine Frau und ich uns vorgenommen, eine Löffelliste zu schreiben. Ja, die berüchtigte Löffelliste, was sind eigentlich die Dinge im Leben, die wir einzeln und miteinander noch tun, erleben, machen wollen, bevor wir den Löffel abgeben?

Es war sehr spannend, in diesen Prozess einzutauchen. Da stehen unterschiedliche Dinge drauf und es ist verrückt zu sehen, wie oft wir in Situationen sind, zu sagen: „Das machen wir, wenn wir mehr Zeit haben", oder: „Das machen wir, wenn wir älter sind, wenn die Kinder aus dem Haus sind, dann, wenn das in zwei Jahren noch besser läuft mit dem Firmenumsatz, dann, wenn folgende Tantiemen ausgezahlt sind" – wie schnell wir Dinge auf später verschieben. Der Unfall war so krass, es hätte von einer auf die nächste Sekunde vorbei sein können. Und was wäre geblieben? Wie wären deine Beziehungen gewesen? Wie wäre die Beziehung zu deinen Kindern gewesen? Wie die Beziehung zu deinen Eltern, deinen Freunden und so weiter.

Was wäre der Moment gewesen, zu sagen, was ich bisher bewirkt habe, hat etwas wirklich Bleibendes hinterlassen? Das war für mich ein massiver Knackpunkt, wo ich feststellte, das kann so nicht weitergehen. Das war der Moment, wo ich dachte: Eine dicke Firma mit vielen Angestellten? Brauche ich nicht mehr. Das dicke Auto, was ich für wichtig hielt, um nach außen meinen Status zu suggerieren und zu zeigen, wer ich bin, brauche ich für mich nicht mehr.

Du beginnst, alles zu überdenken. Du fragst dich, was hat wirklich Wert? Was bleibt? Und ich merke, wie brutal schwierig das ist. Weil, wer erfolgreich war und ist und wer diese Tendenz in seiner Identität hat, Vollgas fahren zu wollen, ist immer in Gefahr, es zu übertreiben. Und ist in Gefahr, sich diese Fragen zu stellen. Und läuft Gefahr, sich nicht die Frage zu stellen: „Was hat wirklich Wert im Hier und Jetzt?". Wir hören ganz oft diesen Spruch, es ist wichtig, was im Hier und Jetzt ist, aber das musst du erleben. Und das ist gleichzeitig so schwierig, weil wir immer in der Zukunft denken. Was wir erreicht haben, damit wir in ein, zwei, drei Jahren dann Folgendes tun können. Und das ist sowas von krass. Ich merke jeden Tag, wie herausfordernd das für mich ist und wie ich bis heute auch in diesen Situationen damit zu kämpfen habe und feststelle, selbst nach solchen einschneidenden Erlebnissen ist es alles andere als einfach zu sagen: „Erkenne, wer du bist. Fülle deine Rollen aus. Achte auf die Dinge, die wirklich Wert haben". Aber ich glaube, es ist einer der elementarsten Punkte, die wir – als Macher, als Leute, die anpacken und in anderen Drehzahlbereichen Dinge umsetzen – lernen müssen. Und ich glaube, da steckt die größte Herausforderung drin, einfach zu schauen, was hat wirklich Wert.

Das waren für mich meine elementarsten Erlebnisse, wo ich gemerkt habe, da hat sich mein Leben verändert. Und diese Grand Canyon-Geschichten, die haben auch Wüsten hinterlassen an der ein oder anderen Stelle, aber ich glaube, dass diese Geschichten uns auch mehr und mehr zu den Menschen machen, die wir sind und wo wir uns hin entwickeln. Es gibt einfach Leute – und da gehöre ich definitiv dazu – die brauchen es manchmal dann mit der Keule, um es klingeln zu hören.

Was ein riesiger Wunsch ist, ist das, was du vorhin gesagt hast: Ich wünsche es niemandem, diese Dinge zu erleben und hoffe, dass wir eine Sensibilisierung bei den Lesenden erreichen, sich mit Fragen auseinanderzusetzen wie: „Was hat wirklich Wert? Was ist wichtig im Leben? Was wollen wir hinterlassen? Was sind die Momente, wo wir sagen: Das ist Big Picture und

Zielhafen unseres Lebens?“ Und ich glaube, darauf kommt es wirklich an, was sind die Dinge, die Menschen über uns sagen werden, wenn wir mal nicht mehr da sind? Was bleibt?

SELBSTTEST: KAPITEL 3
ABGRUNDTIEFBLICKE

Stell dir vor: Du hast einen Herzinfakt und bist tot.
Du kannst nichts mehr in deinem Leben ändern.

a) Was hättest du anders gemacht?
b) Wem hättest du gerne WAS gesagt?

____

____

____

... tue es jetzt!

Theaterübung

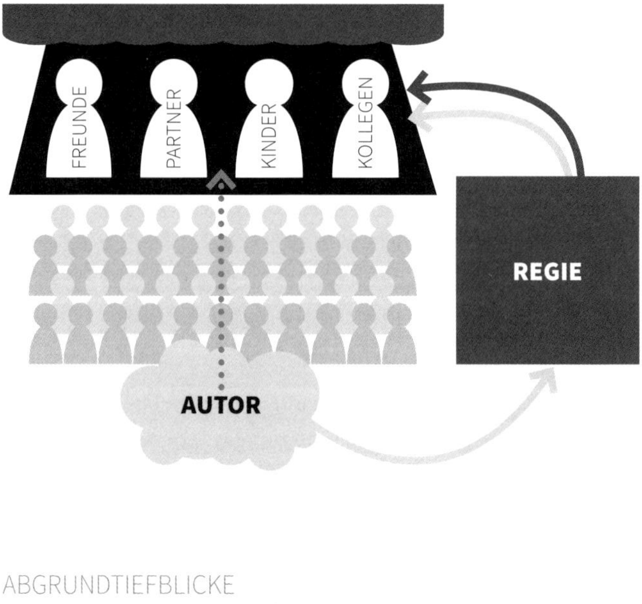

Wer ist für dich die wichtigste Person im Theater? Die Schauspieler? Die Bühnenbildner? Das Publikum? Die wichtigste Person ist der Regisseur – ohne ihn würde es kein Theaterstück geben. Die zweitwichtigste Person ist der Autor – ohne ihn würde es keinen Stoff geben. Betrachten wir unser Leben als Theater, können wir drei Rollen ausfüllen: Autor, Regisseur und Akteur. Die meisten Menschen sind allerdings „nur" Akteure. Als Akteure können wir unterschiedliche Rollen einnehmen: z. B. Ehemann, gute Freundin, Mitarbeiterin oder Selbständiger.

1. Begib dich in deine Autorenrolle und stell dich der Frage, wie deine nächsten fünf Lebensjahre aussehen könnten. Gehe dafür in 3-5 unterschiedliche Lebensrollen und beschreibe in einer dreiviertel bis halben Seite, wie du diese Rollen ausfüllen willst. *Bsp.: Für die Mitarbeiterrolle kannst du dir überlegen, ob es in den nächsten fünf Jahren einen Firmenwechsel geben könnte? Oder ob du deine Kompetenzen ausbauen möchtest? Oder ob du Lust hast, Führungskraft zu werden. Wir als unsere Lebensautoren wollen auf unserer Lebensbühne Abenteuergeschichten, Lovestorys und Happy Ends sehen – trotzdem passieren immer wieder Horrorgeschichten und Dramen. Das heißt, nicht alles, was wir uns für unsere Lebensbühne vorstellen, kommt auch auf der Bühne an. Das liegt daran, dass häufig nicht wir selbst im Regiestuhl sitzen, sondern eine von drei Schweinebacken.*

Wer sind diese drei Schweinebacken, die uns blockieren und ausbremsen, als würden wir eine Eisenkugel hinter uns herziehen? z. B.

- **Angst** ... und zwar in ihren unterschiedlichen Formen: Existenzangst, Angst vor Unsicherheit, Angst vor Veränderung, Versagensängste, die Angst davor, Fehler zu machen oder gar vorm Gesichtsverlust.
- **erlernte Glaubenssätze:** „Das macht man nicht!" Glaubenssätze sind implizierte Lügen, die aus der Vergangenheit Einfluss auf unser heutiges Leben nehmen.
- **graue Eminenz:** Schatten der Vergangenheit – das können Mutter, Pfarrer oder Lehrer sein, die einen verfolgen und beeinflussen.

Welche Auswirkung hat das? Deine Story schafft es nicht auf deine Bühne.

2. Was muss passieren, damit du wieder Regie führst? Was musst du tun, um deine Schweinebacken vom Stuhl zu schubsen?

KAPITEL 4

GESICHTS-VERLUST

DAS ABLEGEN DER RÜSTUNG

Auf dem Weg vom Grand Canyon Richtung Sedona verändert sich die Landschaft. Die eher karge Weite südlich des Grand Canyon wird immer dichter mit Bäumen besiedelt, es sind immer mehr Büsche zu sehen und langsam auch wieder mehr und mehr Wasser. Erst wird die Erde rot, dann wird sie wieder felsig. Es ist wirklich spannend dort herunterzufahren.

Wir ließen es entspannt angehen, zweieinhalb Stunden fuhren wir ganz relaxt, ohne Hektik, ohne Stress – aus unserem Vorleben kannten wir das beide nicht. Sonst waren wir immer unter Termindruck, hart am Gas und am Überlegen, ob man noch alles schafft.

Kurz vor Sedona fährt man durch bewaldete Schluchten, die auf einmal einen Blick in die Weite freigeben. Um Sedona herum stehen vereinzelt hohe Berge – wahnsinnig. Sedona selbst ist sehr bunt. Rosa Häuser, knallbunte Skulpturen, alles ist farbig und ganz anders, als vieles, was man kennt. Dieser Wechsel der Umgebung ist etwas, worum es im Leben nach dem Blick in den Grand Canyon auch geht. Die Hotelanlage ist auf einem der nahen Berge und hat nicht ein großes Gebäude, sondern viele kleine Bungalows. Der Innengarten hat eine eigene Terrasse, die einen Ausblick über Sedona und die Bergkulisse freigibt.

Den Sonnenuntergang bestaunend, mit Aussicht auf das Tal, kommen wir auf das Thema Verlust zu sprechen.

Ben: Im Grand Canyon haben wir ein paar Storys aus unserem Leben erzählt, um mal die Lesenden mit reinzunehmen, was es für uns heißt, vor Schluchten im Leben zu stehen und wie wir damit umgehen, was wir in diesen Situationen machen. Eine Sache, die mich elementar geprägt hat, passierte in der Zeit, wo ich aufgrund meines Erschöpfungszustandes in einer Reha-Klinik war. Ich hatte das ja nicht mit einem Arzt besprochen, sondern selbst für mich entschieden, dass ich diese Auszeit jetzt brauchte. Ich brauchte vor allen Dingen jemand, der mir da hilft, damit ich das wieder für mich auf die Reihe bekomme. Und das war schon echt herausfordernd.

Ein halbes Jahr vorher habe ich ein Geschenk eines Kunden ins Büro geschickt bekommen. Es gab dafür keinen Anlass, ich hatte nicht Geburtstag, es war noch nicht die Zeit, um Weihnachtsgeschenke zu verschicken. Er wollte sich einfach mal bedanken und schickte mir ein Buch, von dem er dachte, das sei hilfreich für mich. Es war das Buch „Nimm sein Bild in dein Herz" von Henri J. M. Nouwen. In diesem Buch hat er über ein Gemälde von Rembrandt geschrieben. Dieses beschreibt die Bibelgeschichte vom verlorenen Sohn. Darin geht es um einen Vater, der zwei Söhne hat. Der jüngere sagt irgendwann zu seinem Vater – das muss man sich mal überlegen in einer arabisch-jüdischen Kultur: „Vater, zahl mir mein Erbe aus, ich will raus in die Welt". Kulturell war das eine maßlose Frechheit, doch der Vater zahlte dem jüngeren Sohn sein Erbe aus. Was machte der jüngere Sohn damit? Er ging auf Erfolgsreise und verbratzte das komplette Geld. Als er Geld hatte, hatte er sehr viele Freunde, er schmiss Partys, bis irgendwann alles weg war. Daraufhin verließen auch seine Freunde ihn und er hatte nicht mal mehr Geld, um sich etwas zu Essen zu kaufen. Also hauste er bei den Schweinen – hier muss man auch bedenken, dass das Schwein ein unreines Tier in diesem Kulturkreis war – und aß mit ihnen aus dem Trog.

Ganz unten angekommen, besinnt er sich, wie es im Haus seines Vaters war. In ihm stieg die Sehnsucht auf und er dachte sich, dass er bei seinem Vater Essen und ein Dach über dem Kopf hatte und alles gut gewesen war. Also kehrt er zu seinem Vater zurück. Der Vater erkennt seinen Sohn schon von weitem, läuft ihm entgegen und nimmt ihn in die Arme. Der Sohn sagt zu seinem Vater, er wollte nicht länger sein Sohn sein und bittet darum, als Diener in seinem Haus tätig werden zu können, einfach weil er wieder zurück will.

Aber der Vater lässt dem Sohn Festgewänder überziehen und überreicht ihm den Familienring – ein Symbol für Familienzugehörigkeit. Er nimmt den Sohn also sozusagen zurück. Rembrandt zeigt in seinem Gemälde die Situation, wie der Sohn vor seinem Vater kniet und dieser legt ihm die Hände auf den Rücken – das hat mich sehr fasziniert.

Als ich dann auf dem Weg in die Reha war, dachte ich, ich nehme das Buch mal mit. Dort habe ich angefangen darin zu lesen. Ich möchte dir eine Passage vorlesen, die für mich ein ziemlicher Ausdruck der Situation war, in der ich mich damals gefühlt habe. Nouwen beschreibt, wie er das erste Mal mit diesem Rembrandt-Bild in Berührung kommt:

„Als ich ihn sah – das Bild, dieses Rembrandt-Bild – ging mir mein Herz auf. Nach der Reise, bei der ich mich ganz verausgabt hatte, brachte die zärtliche Umarmung von Vater und Sohn alles zum Ausdruck, was ich in diesem Augenblick ersehnte. Ich war wirklich der von langer Reise erschöpfte Sohn, sehnte mich nach Umarmung, suchte ein Zuhause, wo ich mich sicher fühlen konnte. Ich war und wollte nichts anderes mehr sein als der Sohn, der heimkehrt".

Und ich kann mich noch erinnern, als ich diese Stelle gelesen habe in dem Buch, habe ich geheult wie ein kleines Kind. Das hat in mir einen Prozess ausgelöst, wo ich gedacht habe, genau das ist es. Ich wusste nicht, wie es weitergeht. Ich hatte eine kaputte Ehe, ich war jahrelang auf der Überholspur gewesen und fühlte mich völlig ausgepowert und hatte ein Gefühl von Heimatlosigkeit. Ich sehnte mich danach, an einen Punkt zurückzukommen. Und dann lese ich das, sehe dieses Bild und alle Dämme brechen.

Ich habe geheult wie ein kleines Kind, weil ich das Gefühl hatte, das ist genau das, wie es mir gerade geht und es brach eine Sehnsucht hervor, die ich vorher noch nie so extrem verspürt habe. Ich weiß nicht, wie du das empfindest und empfunden hast, aber ich habe manchmal das Gefühl, gerade wir oder die, die sehr massiv aktiv sind und unterwegs sind, wenn die eine Vollbremsung erleben und dann sehen, was ihnen fehlt, dann befällt sie eine große Sehnsucht, wo sie sich auch fragen: „Wie kriege ich das wieder?". Man fühlt sich wie verloren.

Martin: Das kenne ich auch, in meiner Story war das der erste Tag in der Reha, als der Arzt mir sagte: „Sie dürfen jetzt drei Wochen nur das tun, woran Sie Freude und Spaß haben". Wo ich merkte, ich habe nichts mehr, woran ich Freude und Spaß habe, außer meiner Arbeit. Das war für mich ein ähnlicher Moment. Wobei ich nicht so einen Trigger hatte, wie du jetzt beschreibst, ich musste anfangen zu suchen. Nachdem ich angefangen hatte zu suchen, war ich relativ schnell verzweifelt. Ich saß da in dieser Reha-Klinik und dachte mir: „Wie komme ich jetzt auf etwas, womit ich meine Akkus zukünftig aufladen kann?". Und das war auch ein Gefühl von Verlorensein. Ich habe dann alles Mögliche gemacht, auch Dinge, von denen ich wusste, die mag ich überhaupt nicht. Ich bin joggen gegangen, ich hasse joggen, aber ich dachte mir, vielleicht ist doch was dran. Alle Menschen sagen: „Du musst joggen und dann geht es dir gut". Bei mir war es eher so, dass mich das Suchende verzweifeln ließ. Also Verzweiflung ist, glaube ich, das beste Wort dafür. Weil ich auch ungeduldig bin. Ich habe bemerkt, da fehlt was, da fehlt ein großes Stück in meinem Leben, was mir Kraft gibt und ich weiß nicht, wie ich es finden soll. Es war nichts da. Es war kein Buch, keine Zeilen, die mich da irgendwie berührt hätten. Und ich fing dann auch wild an zu googeln, kam dann sehr schnell in die esoterische Ecke. Habe gemerkt, ne also, dass ich mir jetzt irgendein Steinchen auf den Kopf legen soll, das ist nicht so meins. All diese Erlebnisse haben dann diese Verzweiflung stärker gemacht bei mir. Ich habe dann tatsächlich irgendwann so Gedanken gehabt: „Was ist denn, wenn ich nichts mehr finde? Wenn einfach nichts mehr da ist, an dem ich Freude und Spaß und alles empfinden kann?". Und da hatte ich dann ein bisschen Zukunftsangst. Nicht im Sinne von „wie schaffe ich das alles", sondern „was ist, wenn mein Leben jetzt so völlig leer bleibt, wie ich mich gerade fühle?". Das war mein Erlebnis. Und ich hatte das ganz große Glück, dass mich meine Frau immer wieder gerettet hat. Sie hat mich jedes Wochenende besucht und mir damit eigentlich den Halt gegeben, zu wissen, egal wo mein Weg hingeht, ich gehe ihn nicht alleine. Dieses Geborgenheitsgefühl, was hier der Vater dem heimkehrenden Sohn gibt, das habe ich dann tatsächlich von meiner Frau bekommen.

Ben: Mir hat mal jemand gesagt: „Ben, du musst dich auf eins einstellen: Wenn du Inhaber einer Firma wirst, wenn du eine Führungsposition hast, wenn du Menschen führst, wenn du Teams führst, wenn du eine Erfolgsposition in einer Company hast, mach dich darauf gefasst, das wird einsam". Und eigentlich haben wir ständig mit vielen Menschen zu tun und doch erlebe ich, wenn wir in der Situation sind, wo wir dann vor solchen Grand Canyons stehen und wenn auf einmal das Leben einen in die Wüste schickt, egal in welchem Setting, einem auf einmal so dieses Alleinsein ganz massiv bewusst wird. Man ist mit sich allein und das bringt einen wirklich auch in so einen Verzweiflungsmoment. Dann ist die spannende Frage, was kann in diesen Momenten ein Anker sein? Du sagst, Beziehung ist einer oder kann einer sein.

Martin: Genau, das war bei dir ja nicht mehr vorhanden. Das war mein großes Glück, dass ich dieses Erlebnis, meinen Grand Canyon, einigermaßen gut überwinden konnte, liegt zu einem großen Teil daran, dass ich halt wirklich jemanden an meiner Seite hatte, wo ich wusste, da kann ich mich zu 100% drauf verlassen. Egal, was ist, egal, wie lange es dauert, egal, was los ist. Und das war natürlich ganz, ganz wichtig für mich. Ich habe dann tatsächlich in dieser Situation beobachtet, wer wendet sich mir zu und wer wendet sich von mir ab. Da habe ich schon durchaus sehr spannende Erlebnisse gehabt. Eines war nachdem ich 14 Tage aus der Reha raus war. Ein Kunde rief mich an und fragte mich: „Sag mal, was hast du denn für Kollegen?". „Wieso denn?". „Hier hat gerade einer angerufen und gesagt: ‚Mensch, Sie wissen, der Sänger, der Sie schon jahrelang trainiert, der hat ja einen Herzinfarkt, wer weiß, ob der wiederkommt. Ich kann das aber übernehmen'". Das war nochmal ein Schlag von hinten mit der großen Keule.

Da wende ich mich dann auch gerne ab. Auf der anderen Seite haben sich Menschen auf einmal als sehr stützend in dieser Situation erwiesen, die ich tatsächlich nicht auf dem Schirm hatte, also wo ich nicht draufgekommen wäre, die anzurufen, wenn ich in einer Notlage gewesen wäre. So dieses berühmte Bild: Wen rufst du an, wenn du morgens um drei in Oslo mit einem Schlüpper auf dem Kopf aufwachst, der dich dann ohne zu fragen einfach abholt? Da wäre ich bei manchen, die sich dann aber als tatsächliche Freunde rausgestellt haben, nicht draufgekommen. Und ich glaube schon, dass es wichtig ist, das Wort Freundschaft nicht zu leichtfertigt zu verwenden und sich auf der anderen Seite auch dessen bewusst zu sein, dass wenn du unten im Grand Canyon stehst – die, die dann nicht bei dir sind, auf die kannst du auch getrost verzichten.

Wir beide machen jetzt echt gerade Seelen-Striptease, wir legen in dem Buch wirklich alles offen, wo viele, glaube ich, sagen: „Haben die sie noch alle? Das macht man doch nicht“. Aber ich glaube, dass genau das der Punkt ist: In dem Moment, wo du offen, ehrlich und echt sein kannst und wo du auch mal über Gefühle reden kannst, da zeigt sich, ob du Leute hast, ob du belastbare Freundschaften hast oder nicht. Und davor haben die meisten Menschen, denke ich, Angst und tun das deshalb nicht.

Ben: Die spannende Frage ist, warum ist davor so eine große Befürchtung, offen über Ängste und Emotion zu sprechen und auch offen darüber zu sprechen, wie es einem geht? Also ich kann mich an die Story erinnern, wo du sagst, du hast diesen Typen da kennengelernt, der mit dir in der Reha war, der sagt: „Meine Mitarbeiter denken, ich bin hier im Urlaub, damit die ja nicht wissen, weil ich habe Schiss um meinen Job“. Also was denkst du, ist der Ursprung dafür, dass Leute Angst haben, sich zu öffnen und offen auch mit ihren Begrenzungen umzugehen?

Martin: Ich denke, da ist ganz klar: Wenn du dich öffnest, machst du dich verletzlich. Wenn du deine Rüstung aufmachst, kann das Schwert durchkommen. Das Schwert kann unterschiedliche Arten haben. Manche haben Angst davor, dass es dann heißt „das ist ein Schwächling“, zum Beispiel oder nach dem Motto: „Das ist doch lächerlich“. Also dass man sein Gesicht verliert, dass man nicht mehr als starker Macher dasteht, sondern auf einmal so als normaler Mensch, den man aber selber vielleicht nicht verkörpert hat, um dahin zukommen, wo man ist. Ich meine, eins ist klar, ich habe tatsächlich noch nie irgendjemanden in einer Spitzenposition gesehen, der ständig nur rumheult und rumjammert. Man muss schon eine gewisse Stärke nach außen demonstrieren, um dann auch Situationen überstehen zu können im geschäftlichen Bereich. Ich glaube aber auch, dass man sich sehr stark dann damit identifiziert. Also dieser Super Hero-Gedanke, dieses Unbesiegbarsein. Nicht umsonst haben wir dieses Buch ja so genannt. Dieses Gefühl der Unbesiegbarkeit und auf einmal wirst du verletzlich, angreifbar in ganz, ganz vielen Schichten. Und du weißt ja nicht, was auf dich zukommt. Du öffnest dich, machst deine Rüstung ein bisschen auf und du hast keine Ahnung, wer sticht und mit was sticht er und du hast nur Angst davor, dass er sticht. Ich glaube, das ist einer der vielen Gründe, warum wir nicht unbedingt gerne über Gefühle oder Schwächen, oder wie man das auch nennen möchte, reden.

Ben: Obwohl man das ja eigentlich von diesen Sagen oder Superhelden-Storys auch kennt. Also wenn ich mir jetzt überlege, bei Superman war es das Kryptonit. Und es war ganz klar, wenn das in die Nähe kommt: ungut. Oder Siegfried aus der Nibelungensage, der in Drachenblut badet, um unbesiegbar zu werden, dem aber ein Lindenblatt auf die Schulter fällt und ihn an dieser Stelle verwundbar macht. Das heißt, in diesen Sagengeschichten und in diesen Superhelden-Storys taucht ja auch immer das Thema Schwäche auf, was diese Superhelden wieder menschlich werden lässt. Aber wir meinen, wenn wir uns öffnen und wenn wir über Ängste reden, wenn wir über Versagen sprechen, wenn wir über Dinge reden, die – was weiß ich – die nach außen nicht chic sind, nicht stark genug Stärke zeigen, dann haben wir da ein Problem mit. Also was mir dazu spontan einfällt, ich sage es dir ganz ehrlich, ich habe über Jahre hin gewusst, dass die Beziehung zu meiner ersten Frau eine Katastrophe war. Das Verrückte war, wir haben nach außen hin perfekt die heile Familie gespielt. Und ich habe mit niemandem darüber geredet, mir war das peinlich. Mir war das peinlich zuzugeben, dass ich eigentlich eine Katastrophe in meiner Family habe, weil ich gedacht habe, ich erleide Gesichtsverlust nach außen und das darf bloß keiner mitkriegen. Es war für mich eine Katastrophe, weil ich das Gefühl hatte, dass ich mich von Tag zu Tag selber bescheiße.

Martin: Ich kann ein Stück weit dieses „man muss hinfallen, um größer oder besser aufstehen zu können“ nachvollziehen. Das erkenne ich bei mir daran, dass ich vor meinem Herzinfarkt Dinge gemacht habe, die vielleicht nicht jeder so verstanden hat. Ich bin manchmal sehr spontan. Da bleibt dann die Überlegung etwas auf der Strecke oder ich mache auch mal Dinge, wo ich einfach sage, das ist jetzt vielleicht ein Durchbruch meines kindlichen Gemüts. Vor meinem Herzinfarkt stieß das nur auf Unverständnis und durch meinen Herzinfarkt – und ich habe ja schon gesagt, ich bin sehr offen damit umgegangen, ich habe es auf Facebook gepostet, ich habe es jedem auch gesagt – sagen die Leute jetzt: „Ja, Martin kann sich das erlauben. Weil, der hat den Knall schon gehört". Das beschreibt für mich das stärker aus etwas hervorkommen. Natürlich habe ich ein gutes Jahr lang eine Periode der Schwäche gehabt. Bis heute habe ich Situationen, wo ich merke, dass da echt was vorgefallen ist. Als wir mit dem Helikopter über den Grand Canyon sind, da habe ich so Beklemmungen gekriegt. Und die zeige ich dann nicht. Da sitze ich dann drin und mache das Ganze über irgendwelche Mentalarbeit und beruhige mich selber. Aber natürlich ist das was, wo ich sage: „Au, nicht gut". Und da bleibt schon was da, also es geht nicht spurlos an einem vorbei. Aber überhaupt, dass wir so eine Reise machen, dass wir einen Roadtrip machen, der dann auch dazu führt, so ein Buch mit sehr offenen und ehrlichen Worten zu machen, da sagt jeder – und wir merken das ja permanent an den Reaktionen: „Ja, Martin macht das genau richtig". Vorher hätten sie gesagt: „Schau, der Nasenbär ist schon wieder im Urlaub". Es stimmt schon, dass man irgendwie stärker aus so einer Schwäche hervorgeht als zuvor. Ich glaube aber nicht, dass du das jemandem im Vorfeld als Beruhigung sagen kannst gegen seine Ängste. Also hätte mir jemand vorher gesagt: „Du, mach mal ruhig Herzinfarkt und Herzstillstand, hinterher geht es dir besser", das wirkt ja nicht. Oder dir zu sagen: „Hier komm, trenn dich mal ruhig, lass mal die heile Familie bleiben, hinterher ist alles schicker". Das glaubst du ja in dem Moment nicht, weil die Angst viel, viel stärker ist als das Zutrauen, dass es hinterher besser wird.

Ben: Ja, das prägt auch. Also ganz ehrlich, durch die Situation damals in der Firma, als ich diesen für mich hohen sechsstelligen Betrag verloren habe, wurden bei mir so existenzielle Ängste ausgelöst, die ich heute noch manchmal im Tagesgeschäft verspüre. Das hat mich so geprägt, dass ich etwa zweimal im Jahr Situationen habe, wo ich meine Frau bitte, mir zu sagen, dass alles gut wird. Weil ich vielleicht gerade in so einem Zustand hänge, wo ich mich in die Vergangenheit versetzt fühle. Dann hängt mir das hier oben im Hals. Und dann merke ich: „Ben, jetzt hast du die Hose mal gerade wieder gestrichen voll". Deshalb merke ich schon, dieser Umgang damit, das ist nicht einfach und vor allen Dingen, da so offen mit umzugehen, dass man sagt: „Okay, ich bin auch bereit, darüber zu reden."

Martin: Was ich so spannend finde ist, wenn du dann eine Situation herstellst mit einem Unternehmer, Vorstand, egal was, wo es wirklich unter vier Augen und im privaten Bereich ist, dann kennen auf einmal alle genau solche Situationen. Ich kenne zum Beispiel aus meinem eigenen Umfeld keinen Unternehmer, der sein eigenes Unternehmen aufgebaut hat – wenn man eine Firma beerbt oder so, ist das was anderes – der nicht Situationen hatte, wo er sagte: „Ich stand am Geldautomaten und habe kein Geld mehr gekriegt“, oder: „Ich wusste nicht, wie ich im nächsten Monat Büromiete und Mitarbeiter bezahlen soll“. Und das ist natürlich nix, womit man prahlt und was man an die große Glocke hängt. Aber sobald man einen geschützteren Rahmen hat und ehrlich mit den Menschen reden kann, sagt jeder: „Ja, ach, das kenne ich“. Ich mache die Erfahrung, wenn ich mich ein Stück weit öffne, dann kommt auf einmal so ein bisschen Öffnung zurück. Das finde ich schon sehr, sehr spannend, weil das ja zeigt, dass es einfach nur totgeschwiegen wird. Es ist vorhanden, aber es wird totgeschwiegen.

Ben: Wir reden nicht darüber. Entweder „wird schon wieder“, oder ich mach die Rüstung nicht auf, weil es würde mich verletzbar machen, wenn ich auch da jemanden ranlasse. Gerade Manager, Unternehmer, Vorstände, Inhaber usw. – die haben ja ein riesen Dilemma. Sie hängen in diesem Rollenkonflikt zwischen Privatleben und Business, was aber beides miteinander verwoben ist. Genau da gibt es nämlich oft Probleme. Meine Großmutter hat immer über meinen Großvater gesagt: „Hinter jedem starken

Mann steht eine starke Frau". Heute würde man wahrscheinlich Partner sagen. Was sie damit gemeint hat, ist, einen Austausch auf Augenhöhe zu haben, Verständnis für den Verantwortungsbereich zu zeigen, da zu sein. Interessanterweise erlebe ich es gerade bei denen, die eine etwas höhere Position im Business haben, dass es da den größten Stress in der Beziehung gibt, weil die Partner eben kein Verständnis für diese Rolle haben. Die Trennungs-, Scheidungsrate oder die Rate des Nebeneinanderlebens, in dem man sich nur noch miteinander arrangiert, ist natürlich in dieser Zielgruppe Manager, Vorstände, Unternehmer etc. nicht gerade gering. Zum einen hast du keinen nine-to-five-Job. Und du bringst das Thema immer mit nach Hause. Also das spielt immer eine Rolle und ich glaube, das ist ein ganz entscheidender Punkt. Aber ich sage dir ganz ehrlich, da redet kaum einer offen. Frühestens dann, wenn die Tür zu ist und man unter vier Augen spricht. „Ich habe Stress zu Hause und das nicht erst seit zwei Stunden, sondern schon seit drei Jahren. Was mache ich denn jetzt?".

In dem Moment fühlt man sich wie in der Geschichte, wo der Sohn bei den Schweinen hockt und sich zurückerinnert, wie das in dem Haus seines Vaters war und in ihm diese Sehnsucht geweckt wird, diese Leere in ihm wieder füllen zu wollen und füllen zu müssen. Und die Frage ist: Was ist das Leben, nach dem du dich sehnst? Hast du eine Antwort für dich drauf?

Martin: Ja, ich habe inzwischen eine Antwort drauf. Ich sehne mich tatsächlich nach einem Leben, das mit mehr Freiheit zu tun hat. Ich glaube, ich hatte meine drei Fragen, nach denen ich inzwischen alles abklopfe, schon mal benannt. Zeitlich und örtlich unabhängig arbeiten war die erste Frage, die mir in den Sinn kam, um eben diese Freiheit zu haben. Und über die Freiheit mir dann aber auch etwas zu schaffen, was ich bis dato nicht hatte, nämlich ein Zuhause, wo ich mich wirklich auch zu Hause fühle. Ich bin in meinem Leben so oft umgezogen, ich glaube, 26 Mal inzwischen. Wer rechnen kann, ich bin jetzt Mitte 40, fast alle zwei Jahre. Ich kenne das Gefühl des Zuhauseseins nicht. Das hatte den Vorteil in meinem Job, dass ich mich natürlich in jedem Hotelzimmer irgendwie auch ein kleines bisschen zu Hause fühlen konnte, hatte aber natürlich den massiven Nachteil, dass ich dieses Geborgenheitsgefühl nie hatte. Das mag vielleicht auch positiv sein, weil ich mir das irgendwie selber geben konnte, da hilft sicher auch das große Glück, dass ich schon sehr, sehr lange mit meiner Frau zusammen bin, also wir haben 2018 30-jähriges Zusammensein. Aber ein Zuhause zu haben, wo ich hingehöre, wo ich auch sagen kann „Mensch, das ist mein Anker oder mein Punkt, an dem ich geschützt bin und auftanken kann", das lerne ich gerade erst.

Freiheit heißt aber auch, mehr zu Hause sein zu dürfen und zu können und trotzdem die Freiheit zu haben, das Leben zu führen, was wir davor geführt haben, sprich also auch finanziell keine großen Einbußen zu haben. Das war der Spagat. Ich habe schon sehr früh für mich definiert, ich möchte einen Stand in meinem Leben erreichen, wo ich bei normalen Alltagsanschaffungen nicht drüber nachdenken muss, kann ich es mir leisten oder nicht. Ja, ich rede jetzt nicht von Statussymbolen, ich rede davon, wenn ich eine schöne Jacke in einem Geschäft sehe, dann will ich mir die einfach kaufen können, ob die jetzt 59 Euro kostet, 159 oder 459. Das war für mich meine eigene Definition von finanzieller Freiheit. Ja, ich wollte nie die Yacht oder den Privatjet oder sonst was. Das hatte ich geschafft, aber die persönliche Freiheit, mein Leben einteilen zu dürfen, wie ich es möchte, nach der habe ich mich sehr gesehnt. Weil, die hatte ich nicht. Ich war durchgetaktet und habe alles einfach abgearbeitet, so wie es in meinem Kalender stand.

Ben: So, jetzt mal Butter bei die Fische, wenn du das heute so beantwortest, sprichst du von deinem Leben heute. Wie aber hättest du mir die Frage vor fünf bis zehn Jahren beantwortet?

Martin: Ich glaube, ich hätte dir gesagt, dass ich genau das Leben führe, was ich führen möchte, weil ich ja in diesem Anerkennung-durch-Erfolg-Modus war.

Ben: Das heißt, du hast dich gefühlt wie in Vegas? Du hast Vollgas gegeben. Du hast gutes Geld verdient. Du hattest alles, was du brauchst. Und du hättest damals gesagt: Eigentlich habe ich nichts, nachdem ich mich gerade sehne, weil ich habe ja alles, was ich will.

Martin: Genau so hätte ich die Frage wahrscheinlich damals beantwortet. Ich habe es auch nicht bemerkt. Und ich habe tatsächlich im Nachhinein betrachtet, einfach nur an einer Stelle ein riesen Glück und auch große Dankbarkeit jetzt inzwischen in mir, dass meine Frau das mitgemacht hat. Weil die hätte mich tatsächlich auch in die Wüste schicken können, von Vegas raus. Und dann wäre mein Halt, den ich immer hatte, den ich aber oftmals als zu selbstverständlich angesehen habe – was mir im Nachhinein auch echt leid tut – den hätte ich dann verloren. Und das war mein großes Glück im Leben, dass meine Frau mir immer, bis heute, die Treue gehalten hat und die Stütze geblieben ist in meinem Leben.

Ben: Wenn ich die Frage beantworten müsste, muss ich daran denken, dass ich mich seit dem Autounfall vor zwei Jahren immer wieder frage, was hat wirklich Wert? Und ich merke schon so Sachen wie das Thema Zeit ist mir ganz wichtig geworden, ich hatte das Gefühl, ich habe mich mit Sachen auseinandergesetzt, die mir meine Zeit gestohlen haben. Also das größte Dilemma, was ich nach dem Unfall hatte, war, das Gefühl zu haben, Zeit zu verlieren. All die Dinge, wo ich nur ansatzweise gedacht habe, das raubt mir meine Zeit, haben bei mir im Kopf einen Schwenker gemacht. Das war sicherlich nicht immer nur positiv, weil ich dementsprechend auch manchmal mit Menschen sehr hart umgegangen bin, weil ich das Gefühl hatte „ey, sorry, du stiehlst mir gerade meine Zeit, geht gar nicht". Ich kann nachvollziehen, was du mit Zuhause meinst. Das habe ich jahrelang selber gehabt, dass ich das Gefühl hatte, nicht angekommen zu sein. Das verändert sich schon. Wenn ich die Frage beantworten müsste, was ich vor fünf bis zehn Jahren gesagt hätte, dann wäre es ganz klar: Vollgas, Erfolg, erfolgreicher Unternehmer einer erfolgreichen Company sein, eine gewisse Position auch gesellschaftlich zu haben. Das waren schon so Dinge, die mich massiv angetriggert haben. Und klar, gerade auch nach dem finanziellen Crash war für mich ein ganz großer Antrigger-Punkt, ich ziehe die Karre hier aus dem Dreck. Das hat mich so angefüttert, dass ich nicht gemerkt habe, dass sich meine erste Ehe so entwickelt hat, wie sie sich entwickelt hat. Das heißt, einen großen Anteil dieser Katastrophe habe ich mit verursacht. Und das ist mir erst viel später klar geworden.

Martin: Das wird dir auch in dem Moment nicht klar. Weil, du hast ja einen Fokus mit Scheuklappen links und rechts in den meisten Fällen und was nicht in diesem Fokus ist, das nimmst du nicht wahr. Und bei mir war das ja tatsächlich auch der Punkt, dass ich gesagt habe, ich möchte Erfolg und auch finanzielle Freiheit beibehalten und weiterhin Vollgas geben. Inzwischen hat das bei mir umgeswitcht. Mein Ziel ist es, irgendwann mal mit Erlebnissen von dieser Welt abzutreten und nicht mit Träumen, denen ich vielleicht immer noch hinterherjage. Vor fünf bis zehn Jahren hättest du diesen Satz so von mir nie gehört. Ich hatte eine Company, mit den Mitarbeitern gibt es immer Auf und Ab, das kennt glaube ich jeder, der Mitarbeiter hat. Ich war erfolgreich, finanziell war alles toll, Anerkennung war da. Gesellschaftlich hatte ich einen gewissen Status, wo Leute dann auch manchmal vielleicht so die Nase gerümpft haben und gesagt haben: „Was muss der Kerl denn jetzt das und das auch noch machen". Was weiß ich, das Auto fahren oder wie auch immer. Das war alles vorhanden und deswegen hätte ich da vermutlich gesagt: „Ich möchte nichts anderes haben als nur das."

Ben: Aber dann ist hier wirklich die spannende Frage, welches ist das Leben, nach dem ich mich sehne? Einmal kurz darüber zu reflektieren und mal für einen kurzen Moment innezuhalten, um sich ehrlich die Frage zu beantworten: „Was ist wirklich die tiefste Sehnsucht, die ich in mir habe und die ich in mir verspüre und wie gehe ich damit um?". Und in diesem Zusammenhang den Umgang mit Ängsten, Scheitern, Zerbrechen zu erlernen. Ich glaube, wir müssen den lernen, um diese Offenheit zu entwickeln, auch darüber zu sprechen. Was mir spontan einfällt: Als ich merkte, dass ich mich nach meinem Unfall stark verändert hatte, habe ich eine Mitarbeiterversammlung einberufen, in der ich gesagt habe: „Leute, ich merke, dass ich mich verändert habe. Dieses Erleben hat mich verändert. Ich werde in Zukunft andere Entscheidungen treffen, ich werde anders agieren. Und ich muss das tun, weil ich sonst das Gefühl habe, dass ich A) mir selber nicht treu bin und B) die Auswirkung und alles, was ich erkannt habe, nicht umsetze". Ich habe meinen Mitarbeitern die Wahl gelassen: „Wenn jemand damit nicht umgehen kann oder mit mir nicht umgehen kann, bin ich ihm auch nicht böse, wenn er das Unternehmen verlässt. Ich lasse euch die Freiheit, aber ihr müsst damit leben, es hat mich zutiefst verändert. Und ich muss diese Veränderungen leben, ich kann nicht so weitermachen wie vorher".

Martin: Das ist bei mir nicht anders, mein Leben ist jetzt tatsächlich ein komplett anderes als zuvor. Ich habe vom Krankenhaus aus geschaut, dass ich meine Mitarbeiter irgendwie gut unterbringe und dass ich die nicht hängen lasse. Mein Problem war, dass ich komplett unsicher war, weil ich nicht wusste, wie lange sowas dauert. Wo steht denn, wie lange es nach einem Herzinfarkt dauert, bis du wieder arbeitsfähig bist? Ich habe mein Büro tatsächlich aufgegeben und habe gesagt: „Okay, wenn ich dann irgendwann wieder auf den Beinen bin, dann arbeite ich erst mal von zu Hause aus". Heute hat sich vieles dahingehend verändert, was im tiefsten Inneren das Leben war, nach dem ich mich gesehnt habe. Das wusste ich aber nicht. Auf der Überholspur siehst du das Gänseblümchen an der Seitenstraße nicht, da bist du viel zu schnell dran vorbei. Aber vielleicht ist eben genau dieses Gänseblümchen der wichtige Punkt in deinem Leben! Und den kannst du nur erkennen, wenn du ein bisschen ruhiger bist, ein bisschen vom Gas runtergehst. Heutzutage – hätte man mir das vor dem Herzinfarkt gesagt, wäre das bei mir nicht angekommen – wenn ich mit meiner Frau gemeinsam Mittagessen kann, mit meinem Hund eine halbe Stunde im Garten spielen kann, dann heißt das nicht, dass ich weniger arbeite oder keinen Spaß mehr am Erfolg habe. Das habe ich nach wie vor und ich freue mich über jede Kleinigkeit.

Als ich mein neues Business gestartet habe, kam irgendwann die Meldung, dass Umsatz gemacht wurde, das waren 15 Euro. Und ich habe mich über diese 15 Euro gefreut wie ein kleines Kind. Wo jetzt jeder sagt: „Ey, also irgendwie hast du ja schon echt andere Umsätze in deinem Leben gemacht". Aber diese 15 Euro waren der Beweis dafür, dass diese neue Richtung funktioniert und dass das klappen kann. Das war so großartig! Das sind Momente, von denen zehre ich sozusagen, denn das sind Momente, die ich jetzt anders wahrnehme und anders sehen kann.

In Bezug auf das Buch von Nouwen stellt sich da für mich die Frage: Muss man immer erst bei den Schweinen gelebt haben, um wieder Boden unter den Füßen zu kriegen oder geht das nicht auch irgendwie anders?

Ben: Das ist eine spannende Frage. Ich glaube, dass das Phänomen darin steckt, dass die meisten von uns, die erfolgreich oder in erfolgreichen Positionen sind, ein Dilemma haben. Dieses Dilemma heißt, dass sie sehr stressrobust sind. Das ist auf der einen Seite super, denn sie können

Situationen aushalten, wo andere schon zweimal umgefallen wären. Das ist eine Begabung. Das ist etwas, das kann man auch nicht erlernen, das hat man. Der Punkt ist nur, es hat eine Achillessehne. Die Achillessehne heißt, ich bekomme es nicht schnell genug mit, wann kurz vor 12 ist. Ich habe keine Frühwarnsignale. Und das wiederum bedeutet, dass die meisten von denen es erst merken, wenn sie mit einem Vorschlaghammer einen vor den Kopf kriegen.

Da muss ich dir ganz ehrlich sagen, da kann ich mich mit einreihen. Auf der einen Seite eine Kompetenz, eine Fähigkeit zu besitzen, die auf der anderen Seite aber sowas von gefährlich ist, weil man im Endeffekt diese Sensibilisierung dafür nicht von Haus aus mitbringt. Und jetzt könnte man natürlich sagen: „Ja, heißt das jetzt im Klartext, dass jeder Unternehmer, Firmenchef, Manager immer erst vor seinem Scheitern und dem Zerbrechen seines Lebens stehen muss, damit er das versteht? Ich glaube nicht. Aber ich denke, dass man der Hauptleserschaft leider auch sagen muss: Leute, wenn ihr keinen Frühwarnmodus entwickelt, wenn ihr nicht darüber reflektiert, wenn ihr nicht sensibel seid dafür – sondern wenn ihr einfach meint, ihr hängt in Vegas, Vegas läuft immer, Vegas läuft permanent, euch passiert das nicht, allen anderen, aber euch nicht, ihr habt alles im Griff, ihr habt das Controlling, ihr kontrolliert alles bis ins kleinste Detail –, dann habt ihr das Problem, dass ihr leider in der Situation hängt, es nur mit einem Vorschlaghammer zu lernen.

Martin: Könnte es helfen, wenn wir an der Stelle einen Kulturwandel in der Geschäftswelt hinbekommen? Einen Kulturwandel in Richtung, dass es auch mal okay ist, Mensch zu sein? Weil, wir reden jetzt ganz viel davon, dass gerade die Leute, die hoffentlich dieses Buch gerade in der Hand haben – also die Macher, die Starken, die vorangehen, die die Bäume ausreißen und den Wald roden – erkennen, dass es wünschenswert wäre und auch viel gesünder, Zeiten zu haben, in denen man sagen kann: „Mensch, heute kriege ich den Baum mal nicht rausgerissen, lass mich mal ein bisschen Kraft schöpfen und dann geht es wieder weiter". Übersetzt aufs Business meine ich damit ganz konkret, dass es auch mal gut wäre, wenn ein Manager sagt: „Leute, ich bin gerade echt am Anschlag, ich brauche mal einen ‚day off'". Und damit auch ein bisschen sagt: „Hey, auch ich muss mal durchschnaufen oder ich habe mein Handy auch mal drei Tage aus", oder solche Geschichten. Ich glaube, das hätte einen positiven Einfluss auf das, was wir gerade besprochen haben.

Ben: Ich glaube, es gibt zwei Dinge, die das voraussetzen. Das eine ist, das Umfeld und das Setting muss eine Offenheit und eine – du nennst es – Kultur haben, dass sowas überhaupt lebbar ist. Das ist mal das eine. Und das zweite Dilemma hängt mit der Person selber zusammen. Wenn einfach klar ist, dass ich ‚the Hero' meiner Story bin, wenn ich der Superheld bin, wenn ich der Starke bin, wenn ich derjenige bin, der alles im Griff hat und ‚the Master of Desaster', dann ist das natürlich etwas, was in meiner Persönlichkeit auch verankert ist. Also ich glaube, das addiert sich ganz, ganz massiv. Umfeld ist sicherlich das eine, aber dass der Macher einfach auch machen will, deshalb kann es sein, dass er das nicht zugeben kann. Das ist vom Typ her für den gar nicht artgerecht, Schwäche zu zeigen.

Das ist ein riesen Dilemma. Und ich glaube, dass sich das in unserer Businesswelt mehr und mehr potenziert. Man hört oft genug von Managern, die umfallen, die sich das Leben nehmen, die psychisch völlig am Ende sind. Letztens habe ich wieder eine Story gehört, dass bei einer großen Versicherung einer im achten Stock aus einem Meeting raus ist, das nächste Fenster aufgemacht hat und rausgesprungen ist. Wir sind also mittlerweile auch in unserer Businesswelt in einer riesen Druckerwartungswelle, wo Schwäche und alles, was damit zusammenhängt, einfach keinen Raum hat. Auf der anderen Seite haben wir das Problem, dass es für denjenigen, der in so einer Position ist, nicht artgerecht ist über sowas zu reden, geschweige, das zu zeigen. Und ich glaube, das ist ja auf beiden Seiten eine riesen Herausforderung, mit diesem Thema umzugehen.

Martin: Absolut. Spannend finde ich momentan zu beobachten, was für eine andere Generation jetzt nachkommt. Eine Generation, die jetzt ins Arbeitsleben eintritt, die vielleicht ein bisschen zu viel in die andere Richtung ausschlägt.

Ben: Die also von der anderen Seite vom Pferd fallen?

Martin: Genau, die kommen in den Bore-out und nicht in den Burn-out. Nein, ich erlebe immer wieder Unternehmer, Abteilungsleiter und andere, die sich darüber beschweren, dass eine maximal freizeitorientierte Schonhaltung bei der jungen Generation zu erkennen ist.

Ben: Weißt du, wie ich die nenne?

Martin: Wie?

Ben: Einhörner.

Martin: Einhörner, ja, genau. Die stehen auf ihrer grünen Wiese und grasen unter dem Regenbogen. Ja, aber was die jetzt zu viel haben, haben ja so Typen wie du und ich zu wenig. Und da habe ich schon so ein bisschen Hoffnung, dass sich das nivelliert.

Ben: Ich glaube was die Themen Ängste und Sehnsüchte betrifft, hilft es, sich mal hinzusetzen und für sich zu definieren und aufzuschreiben, um für sich festzumachen: „Was ist das Leben, nach dem ich mich sehne? Und wie möchte ich in Zukunft auch mit den Themen Schwäche, Ängste und Zerbrechen umgehen? Vielleicht kann ein erster Schritt sein, im inneren Circle, also mit dem Partner oder Familie oder engen Freunden offen über das Thema zu reden. Denn ich bekomme häufig mit, dass das nicht mal dort passiert. Was würde es verändern, wenn der innere Kreis weiß, wie es mir wirklich geht und wie es in mir drin aussieht?

Martin: Ja, Offenheit und Ehrlichkeit. Auf meinem Weg vom Herzinfarkt zurück ins normale Leben habe ich mir einen Erinnerungssatz gebastelt. Vielleicht ist das auch eine kleine Stütze für die Lesenden: „Leben duldet keinen Aufschub". Dieser Satz hilft mir immer dabei, mich daran zu erinnern, das zu tun, was ich mir vorgenommen habe und einen offenen Umgang mit meinen Ängsten und allem, was mir nicht angenehm ist, zu leben.

SELBSTTEST: KAPITEL 4

GESICHTSVERLUST

Welches ist das Leben, nach dem du dich sehnst?

Welche Faktoren halten dich davon ab, dieses zu leben?

Was brauchst du, um diese hinderlichen Faktoren loszuwerden?

Konzentriere dich ab sofort nur noch auf die Erreichung deiner Lösungsfaktoren.

KAPITEL 5

UNZU-FRIEDENHEIT

DER TÖDLICHE KAMPF IN UNS

… nächsten Morgen wollen wir Sedona erkunden. Ben schaut sich um fünf Uhr den Sonnenaufgang an. Die Sonne klettert hinter dem Panorama hervor und beginnt, das komplette Tal ins Licht zu tauchen. Noch bevor wir alle wieder ins Auto steigen, stehen wir gemeinsam auf der Terrasse und sind: zufrieden. Wir sind dankbar, wir sind voller Demut, hier sein zu dürfen, das alles erleben zu dürfen. Wir steigen alle ins Auto und vom Berghotel geht's runter Richtung Stadt. Und was für eine Stadt! In dieser bunten und lebenslustigen Atmosphäre gibt es unzählige kleine Geschäfte, die alle etwas anderes Verrücktes (z. B. getrocknete Geckos) verkauften. Für so viel künstlerische Freiheit muss man sich tatsächlich Zeit nehmen, um dieses ganz andere Leben auch annehmen zu können. Sedona ist auf jeden Fall eine Stadt, an der man achtlos vorbeirauscht, wenn man auf dem Gaspedal steht. Vielleicht sieht man noch die rosa Häuser und denkt sich „Wer macht denn sowas?", aber das ist auch schon das höchste der Gefühle.

Wer allerdings wie wir Zeit hat, sich in ein Café zu setzen, um den Flair dieser Stadt zu genießen, sieht auf einmal, dass die Ladenbesitzer noch miteinander quatschen. Sie stehen vor ihren Läden und reden. Auch mit den Touristen, die vorbeischlendern. Zwar sagt man den Amerikanern einen Hang zum Smalltalk nach, allerdings ist die freundliche Atmosphäre doch bestechend. Auf keinen Fall zielfokussiert, ohne nach links und rechts zu schauen, wie wir das eigentlich gewöhnt sind.

Erst in so einem Umfeld haben wir die Möglichkeit, das Thema Zufriedenheit anzugehen, um mal zu gucken, wie Zufriedenheit im eigenen Leben entstehen kann. Wer allerdings die Augen davor verschließt, weil er meint, so ein Künstlerkram interessiere ihn nicht, hat es schwer, an diesem Ort etwas für sich herauszuziehen. Deshalb sitzen wir her gemütlich, lassen das alles auf uns wirken und nutzen diese Zäsur, dieses bewusste Anhalten, um uns über etwas Gedanken zu machen, worüber wir uns eigentlich fast nie Gedanken machen.

Der Kontrast zum glitzernden Las Vegas ist enorm. Den Menschen hier in Sedona scheint es wesentlich wichtiger zu sein, ihrem Herz zu folgen, statt Big Business und viel Geld zu machen. Uns tut es wirklich gut, nachdem wir aus Las Vegas kommen, zu sehen, dass diese Menschen hier tatsächlich zufriedener und glücklicher aussehen als die ganzen Business-Typen, mit denen man sich sonst so umgibt und zu denen man selbst auch mal gezählt hat.

Was ist eigentlich, wenn wir nicht zufrieden sind? Dann sind wir im Krieg. Dann stehen wir jeden Tag an der Front, an der wir kämpfen und suchen nach der Zufriedenheit. Für manche Menschen ist Zufriedenheit ein Teil von Glück und Wohlbefinden. Für jeden heißt Zufriedenheit auf jeden Fall etwas anderes. Besonders ist allerdings, dass in diesem Wort das Wort „Friede“ drinsteckt. Unser Innehalten im Café kommt einem solchen Frieden sehr nahe. Muss man dafür in Sedona sein? Nein, es reicht schon, seinen Nachmittagskaffee nicht nebenher am Laptop zu trinken und stattdessen vielleicht vor die Tür zu gehen, die Sonne zu genießen und bewusst sonst nichts zu tun. Und die fünf Minuten, die das Kaffeetrinken braucht, einfach mal nicht über Business-Themen nachzudenken – wir können uns also unser Sedona überall holen. Aber häufig machen wir es nicht, solange wir noch nicht diese Erkenntnis hatten.

Im Business ist Zufriedenheit eher negativ konnotiert. Hinter vorgehaltener Hand spricht man dann von „Biss verloren“ und „keinen Antrieb mehr“. „Stillstand ist Rückschritt“. Und tatsächlich stellt genau das uns vor eine Herausforderung. Nämlich einerseits Antrieb zu haben und zu wissen, wieso, weshalb und warum wir das alles weiterhin gerne machen und auch darum kämpfen. Andererseits brauchen wir aber immer wieder die Möglichkeit, sagen zu können, dass wir wirklich zufrieden sind.

Ein Problem von erfolgreichen Menschen ist ja auch, dass sie schon neue Ziele haben, wenn sie eins erreichen. Die Zufriedenheit über ein erreichtes Ziel bleibt aus. Dabei heißt Zufriedenheit ja gar nicht, die Hände in den Schoß zu legen und dann nichts mehr zu tun, sondern den Augenblick zu genießen und zu würdigen, was man erreicht hat.

Eigene Sedonas zu errichten, funktioniert auch, indem man sich mit Dingen befasst, die rein gar nichts mit der eigenen Scheuklappen-Welt zu tun haben. Erst dann kann man meistens erfahren, ob man wirklich zufrieden ist mit dem, was man hat. Dafür müssen viele auch bereit sein, sich berühren zu lassen. Denn gerade Kunst trifft uns dort, wo wir gerne die Türen verschlossen halten

Martin: Sedona ist ein Städtchen, das mich tatsächlich im vergangenen Jahr schon fasziniert hat, als ich das erste Mal zufällig hier war. Ich hatte eine Pauschaltour gebucht und da haben wir hier einen Halt eingelegt. Ich würde das – neben allem, was hier an Touristischem ist – tatsächlich noch so als Künstlerstädtchen oder Künstlerdorf bezeichnen. Hier gibt es viele kleine Läden, wo Menschen sich verwirklicht haben und ihr Handwerk verkaufen. Wenn man sich mit den Künstlern unterhält, fällt auf, dass die alle einen super zufriedenen Eindruck machen. Wenn ich da über die Zeit vor meinem Herzinfarkt reflektiere, hätte mich damals jemand gefragt, ob ich zufrieden bin, hätte ich mit Sicherheit gesagt: „Ja, ich bin total zufrieden mit meinem Leben". Inzwischen ist es aber so, dass mir aufgefallen ist, dass es eine spannende Unterscheidung gibt zwischen zufrieden sein und sich mit etwas zufriedengeben. Ich glaube, ich habe mich mit relativ vielen Dingen zufriedengegeben, weil ich vielleicht nicht genau hinschauen wollte, weil ich vielleicht nicht genau gucken wollte.

Ben: Hast du mal ein paar Beispiele?

Martin: Ich war happy in meinem Job. Ich habe super gerne Verkaufstrainings gemacht, das war alles super. Und jeder, der mich gefragt hätte, dem hätte ich gesagt: „Geil, Traumjob, will ich unbedingt haben, bin ich super zufrieden mit". In Wahrheit war es aber so: Ich habe 200 Hotelnächte im Jahr gehabt und musste immer rumreisen. Ich bin – und das war ein schleichender Prozess – mit immer mehr Widerwillen von zu Hause weggefahren. Meine klassische Woche sah so aus, dass ich sonntags mit dem Auto oder Flugzeug los bin und freitags, manchmal auch erst samstagsabends/-nachts wiedergekommen bin. Sonntagmorgen habe ich Bürotätigkeiten erledigt und gepackt. Wenn es zeitlich sehr eng war, hat mir Daniela – meine Frau – den Koffer schon gepackt. Und dann bin ich wieder los. Trotzdem, wenn mich einer nach meiner Zufriedenheit gefragt hätte, hätte ich genau diesen Teil ausgeblendet. Denn damit war ich super unzufrieden, habe mich aber damit arrangiert.

Ben: Arrangieren würdest du mit Zufriedengeben gleichsetzen?

Martin: Ja. Mir fällt auf, dass das tatsächlich bei vielen Leuten der Fall ist. Sie geben sich lieber zufrieden und arrangieren sich mit dem Status quo, statt daran zu rütteln. Wenn man dann ein bisschen nachfragt und ein bisschen tiefer geht, kommt aber etwas anderes raus. Ich habe mich hier in Sedona auch mit zwei Künstlern unterhalten, da war das anders, die sind wirklich zufrieden. Sie können das machen, was sie lieben und es reicht, um damit auszukommen. Was ich mich frage ist, ob man nur zufrieden sein kann, wenn der innere Antrieb auf ein Mindestmaß runtergeschraubt worden ist. Ob man quasi in einer permanenten Unzufriedenheit hängt, solange im Inneren noch ein Antreiber sitzt oder irgendwas, was man noch erreichen will. Wie sind da deine Gedanken zu?

Ben: Wenn du mich heute fragen würdest, ob ich zufrieden bin, da muss ich dir ganz ehrlich sagen, das ist ein Gedankengang, den ich selten nachverfolge. Also ich wüsste nicht, wann ich mir das letzte Mal die Frage gestellt habe, „bist du zufrieden mit dem, was gerade ist, mit der Situation?". Ich glaube – du hast vollkommen Recht –, dass wir viel stärker damit beschäftigt sind zu sagen: „Womit müssen wir uns arrangieren, was sind die Kompromisse?". Und wenn wir da einen Kompromiss gefunden haben, dann ist es auch okay. Du hast gerade die Stichwörter Antrieb und Antreiber genannt. Was ist mein Antrieb in dem Moment? Wenn wir über dieses Thema reingehen und das aus der psychologischen Ecke betrachten, spricht man dort von den klassischen, intrinsischen Motiven. Das Reiss Motivation Profile® von dem verstorbenen Steven Reiss filtert diese Motive beispielsweise durch einen kurzen Fragebogen heraus und beantwortet damit die Frage: „Was sind die intrinsische Motive, die mich eigentlich bewegen, etwas zu tun, zu fühlen, etwas nachzulaufen?". Die Erreichung dieser intrinsisch geprägten Ziele sollten mich in einen Zustand von energetisch aufgeladen versetzen. Und das sollte mich auch Glück verspüren lassen und Zufriedenheit. Wie hängen für dich Glück und Zufriedenheit zusammen?

Martin: Ich habe tatsächlich eine andere Definition von Glück. Glück ist für mich etwas, wo ich einen Vorteil bekomme, den ich nicht beeinflussen kann – also das klassische Glückspiel. Ich stehe am Roulettetisch, setze auf die 17 und die kommt. Das kann ich nicht beeinflussen, das ist für mich pures Glück. In vielen anderen Bereichen, habe ich schon erlebt, dass Leute das Wort Glück verwenden, um Verantwortung abzugeben. Ein klassisches Beispiel: Vor schon etwas längerer Zeit sagte mal eine Teilnehmerin zu mir beim Mittagessen, nachdem ich erzählt hatte, dass ich ein Projekt in dem sehr spannendem Land Katar gemacht habe: „Sie sind aber ein echtes Glückskind, Herr Sänger". Daraufhin wurde ich echt stinkig. Ich wusste aber nicht, warum. Ich fragte mich selbst, was mich da jetzt so angetriggert hat, nur weil sie mich Glückskind genannt hat. Im Nachgang dachte ich, dass ich nach Katar gekommen bin, war überhaupt gar kein Glück. Die Story war nämlich folgende: Irgendwann hat mich ein Freund angerufen und gesagt: „Mensch Martin, ich habe da was ganz Tolles entdeckt. Da sind lauter Unternehmer, die treffen sich morgens um sieben zum Frühstücken in einem schicken Hotel und da möchte ich dich zu einladen". Ich antwortete: „Sorry, aber das klingt ein bisschen dubios. Und morgens um sieben ist schon mal gar nicht meine Zeit". Er blieb aber hartnäckig: „Hey komm, das ist super, das ist alles hoch seriös". Ich war total skeptisch. Um ehrlich zu sein, das klang für mich nach Sekte, dieses zusammenkommen und zuhören. Aber dann zog der Freund eine gemeine Trumpfkarte: „Hör mal Martin, wir waren schon so oft miteinander tauchen, da vertraust du mir dein Leben an. Dann vertrau mir doch mal jetzt an dem Punkt, dass das was Anständiges ist, wozu ich dich einlade". Da konnte ich natürlich schlecht widersprechen. Also bin ich mitgegangen und das ist wirklich ein ganz seriöses Netzwerk, BNI heißt das. Da stellt sich jeder, der im Raum ist, 60 Sekunden vor, sagt, was er macht, was er anzubieten hat und was er sucht. Ein Herr stand an dem Morgen auf, er war sicherlich schon über 60, stellte sich erst vor und sagte dann: „Ich habe sehr gute Kontakte nach Katar und wer Interesse hat, vielleicht sein Geschäft nach Katar auszudehnen, der darf mich gerne ansprechen".

Wow, Katar, spannend! Unterm Tisch googelte ich noch schnell, wo das genau ist und dann war für mich klar, dass ich mit diesem Herrn reden wollte. Der Zeitplan dieser Treffen ist sehr straff und durchgetacktet. Ich ging felsenfest davon aus, dass alle 40 Anwesenden mit ihm reden wollen würden und stellte mich schon mal darauf ein, Gas zu geben. Als es hieß, dass nun Schluss sei, bin ich aufgestanden und zu ihm gerannt. Nach zwei, drei Minuten Gespräch merkte ich, dass ich der einzige war, der bei ihm stand. Er erklärte mir dann, dass er den Scheich von Katar kennt und dass dieser ab und zu in München ist. Er würde mich also anrufen, das könne auch sehr kurzfristig sein, wenn der Scheich das nächste Mal in München ist und sich eine Möglichkeit ergibt, sich dem Scheich vorzustellen. Denn erst, wenn der Scheich der Meinung ist, in so einer Verbindung Sinn zu sehen, würde er mich einladen.

Am nächsten Morgen, ich hatte gerade angefangen Rasen zu mähen, klingelte das Telefon und der ältere Herr war dran: „Ich habe gerade erfahren, dass der Scheich in München ist. Können Sie um 11 Uhr hier sein?". Da war es gerade kurz nach zehn, zu diesem Hotel brauchte ich 55 Minuten reine Fahrtzeit. Meine Antwort war trotzdem: „Ja klar". Zu diesem Zeitpunkt hatte ich Flipflops an und eine Shorts, ich hatte grüne Zehen vom Gras, musste also noch duschen und mich anständig anziehen – und dann war da noch die Fahrt von 55 Minuten!

Doch ich schaffte es pünktlich und auch beim Scheich lief es gut. Der Rest der Story ist gar nicht so wild, aber das Entscheidende ist: Ich hatte kein Glück! Ich habe verschiedene Entscheidungen getroffen. Die erste war, dass ich zu diesem Frühstück gehe, weil ich dem Menschen, der mich da eingeladen hat, vertraue. Dann habe ich die Entscheidung getroffen, mit diesem Herrn zu sprechen, der Möglichkeiten in Katar anbot. Als er mich dann anrief, habe ich die Entscheidung getroffen, schnell zu sein. Da darf sich mal jeder selbst befragen, ob er, wenn er um 10 Uhr angerufen wird und um 11 Uhr irgendwo sein soll, nicht doch sagt: „Oh, heute ist es ungünstig", statt die unmöglich scheinende Challenge anzunehmen.

Ich habe schnell noch geduscht, meine Frau hat mir die Sachen rausgelegt – was sie sonst nie macht – und ich habe mich fertig angezogen ...

Ben: Ich würde sagen, da hast du Glück gehabt, dass sie das gemacht hat.

Martin: Ja! Und ich habe mich original im Auto fertig angezogen, weil ich schon ins Auto gehüpft war. Ich kam vor dem Hotel an, habe irgendjemanden meinen Autoschlüssel zugeworfen, gesagt: „Parken Sie mein Auto", und bin reingerannt. Da hatte ich Glück, denn es war jemand vom Hotel, dem ich meinen Autoschlüssel zugeworfen hatte.

Aber genau das alles war der Grund, warum ich stinkig geworden bin, denn die Verbindung zu Katar war kein Glück! Es war ja nicht so, dass ich jemanden auf der Straße umgerannt hab, der dann zu mir sagte: „Mensch, du kommst mir gerade richtig, komm mal mit nach Katar“. Ich habe Entscheidungen getroffen und deswegen definiere ich Glück eben anders. Glück kann ich nicht beeinflussen. Viele Menschen sagen: „Oh, guck mal, der hat einen Auftrag in Katar gekriegt, der hat aber Glück gehabt“. Aber nein, ich habe die richtigen Entscheidungen getroffen. Und jetzt kommt das nächste, um wieder zur Zufriedenheit zu kommen. Wenn das, was ich erreicht habe, ein Resultat meiner eigenen Antriebe – wo du ja gerade drüber gesprochen hast – ist, dann kann nur dadurch Zufriedenheit entstehen. Frag mal Lottogewinner, die Glück hatten, dass sie die sechs Richtigen gewählt haben, die sind alle nicht dauerhaft zufrieden. Die finden das am Anfang natürlich cool, viel Geld zu haben, aber zufrieden sind sie nicht, weil die eben nichts dafür getan haben, außer einen Tippschein auszufüllen und abzugeben. Klar ist das auch eine Entscheidung, die sie getroffen haben. Aber das ist der Punkt, warum ich Glück und Zufriedenheit tatsächlich sehr stark trenne. Glück ist für mich etwas, das ich nicht beeinflussen kann und aus dem positive Ereignisse resultieren.

Ben: Ich möchte nochmal auf die These zurückkommen, dass ich nur zufrieden bin, wenn ich meine innersten Bedürfnisse erfülle. Wenn ich mit Menschen arbeite, stelle ich denen häufig eine spannende Frage: „Sag mir mal, wenn morgens um sechs der Wecker rappelt, was motiviert dich und treibt dich an, den Job zu machen, den du machst?“. Und jetzt kommt es, das muss etwas sein, was man für sich selbst macht. Ganz oft sind wir nämlich in diesem Motivations- und Antriebding darin verfangen, uns zu fragen: „Warum tue ich das?“. Ganz oft höre ich Antworten wie: „Weil ich gerne das und das bei anderen tue“, oder: „Weil ich gerne das und das bewirken will“. Aber nur wenige beantworten sich die Frage, warum sie das für sich selbst tun.

Zufriedenheit hat für mich ganz viel mit meinen Motivatoren und Antreibern zu tun, die ausschließlich mit mir zu tun haben, statt mit meinem Umfeld. Deshalb ist mit „ich tue das für den und den“ die Frage eigentlich nicht beantwortet. Ich bohre also weiter und bitte darum, auch brutal ehrlich mit sich selbst zu sein. Es ist spannend, was dann für Antworten entstehen. Beispielsweise: „Für mich ist es super wichtig, dass ich Einfluss nehmen kann". Das ist ein Antrieb und eine Motivation zum Thema Macht. Ein anderer sagt: „Für mich ist super wichtig, unabhängig zu sein". Oder: „Für mich ist es das Thema Selbstbestimmtheit". Oder: „Ich mache den Job, weil Anerkennung oder Ansehen für mich super wichtig sind". Es gibt auch Leute, die sagen: „Status ist wichtig". Ich habe auch schon Kunden gehabt, die sagen: „Ich mache das, weil ich ein Boot haben will und weil ich einen 911er fahren will". Ein anderer sagt: „Ich mache das, weil ich einen gewissen Ruf bei meinen Kunden oder in der Company genieße". Für diese Menschen befriedigt eine gewisse Stellung ihre innersten Bedürfnisse. Wenn diese nämlich in Erfüllung gehen, macht das was mit mir. Für mich ist das der Zustand der Zufriedenheit – und für dich?

Martin: Jein. Ich will dafür nochmal kurz auf etwas eingehen, was du gesagt hast. Wahnsinnig wichtig in diesem Zusammenhang ist nämlich tatsächlich, ehrlich zu sich selbst zu sein. Es ist für viele Leute wahrscheinlich recht unangenehm zuzugeben, dass die Anerkennung das Ego streichelt und dass sie etwas deswegen tun. Also es klingt viel schöner, wenn ich sage: „Ich mache das ja, um anderen zu helfen". Und das ist ein ganz wichtiger Punkt, da muss man wirklich brutal ehrlich sein. Das kann ich nur so bestätigen. Ich glaube aber, dass es eine Art Zufriedenheitslüge gibt. Und diese Zufriedenheitslüge sehe ich darin, wenn jemand sagt: „Ja, ich mache etwas, um irgendwas zu erreichen". Denn ich habe noch nie jemanden kennengelernt, der mir gesagt hat: „Jetzt habe ich meinen – ich bleibe mal beim – 911er, jetzt ist alles gut. Jetzt mache ich nichts mehr". Diese inneren Antreiber, diese Motivatoren, die in uns stecken, die hören ja dann nicht auf, sondern die orientieren sich um. Dann muss es vielleicht ein bestimmter 911er sein oder die Anerkennung von – ich nehme jetzt mal meine Branche als Trainer – 12 Leuten in einem normalen Training ist nicht mehr genug. Dann müssen es 250 Applaudierende sein. Und wenn ich das geschafft habe, dann sollten die vielleicht beim Applaudieren stehen, dann will ich Standing Ovations haben. Und dann sind 250 nicht genug, sondern dann muss ich die ganz große Bühne haben. Und das ist, glaube ich, das, was schwierig ist, wenn man seine Zufriedenheit ein Stück weit von außen abhängig macht. Also dass ich was erreichen muss, um zufrieden zu sein. Ich weiß, weil ich ehrlich zu mir bin, wie ich ticke. Deshalb arbeite ich aber auch aktiv daran, irgendwann mal zu sagen: „So, stopp, aus, Ende. Jetzt ist mal Zeit, wirklich zufrieden zu sein". Schau, wir sitzen jetzt hier in einer Traumkulisse, haben ein leckeres Getränk hier vor uns. So wie wir beide gestrickt sind, denken wir aber schon drüber nach, „wo müssen wir danach hin, was kommt noch?", und das muss man abschalten können. Das ist wichtig für die Zufriedenheit, dass man auch mal im Hier und Jetzt den Moment genießen kann. Ich möchte da jetzt nicht so in die Esoterik-Richtung gehen, weil ich mit der tatsächlich nicht viel anfangen kann, aber das ist wirklich wichtig. Ich habe gelernt, dass ich mich ab und zu auch mal selber ausbremsen muss und meinen inneren Motivatoren mal kurz eine auf den Deckel geben muss, um wirklich sagen zu können: „Und wenn es nur eine halbe Stunde ist, aber das war eine halbe Stunde, in der ich super zufrieden war". Einfach nur hier sitzen, den Moment genießen. Genießen ist vielleicht so ein bisschen ein Stichwort dafür.

Ben: Wenn ich jetzt einen Antreiber habe wie Ansehen, Anerkennung oder Einflussnehmen, dann ist das ja ein Urantrieb. Jetzt sage ich immer, man kann ja von zwei Seiten vom Pferd fallen. Das heißt, ich kann es immer in irgendeine Richtung übertreiben. Ich glaube, dass wir intrinsische Motive nicht abgeschaltet kriegen. Das ist wie ein Teil unserer DNA. Jeder hat diese Motive von Geburt an in sich, das ist Teil unserer Persönlichkeit und unseres Charakters. Du hast vorhin gesagt, man müsste wieder an den Punkt kommen, dass man sich kennt. Und jetzt ist es vielleicht so, dass wir feststellen: „Ja, ich habe diese Motive, das sind die Antreiber, wo ich genau weiß, wenn die in Erfüllung gehen, geht es mir gut". Wenn ich jetzt vielleicht jemand bin, der Einfluss nehmen möchte, kann es sein, dass alles, was ich im Job mache, darauf abzielt, Einfluss zu nehmen. Um dem gerecht zu werden, braucht man eine Führungsposition oder eine Position, in der ich Menschen und Teams koordiniere oder Einfluss auf den Kunden nehme beispielsweise. Man braucht das, weil man das ja sonst nicht ausleben kann – sozusagen. Aber Motive sind Setting unabhängig. Ich kann das also sowohl privat leben, als auch im Business-Kontext. Das ist ebenfalls eine Herausforderung, wie man das hinbekommt. Was ich oft merke ist, dass das Ganze an der einen oder anderen Stelle auch völlig überzogen wird.

Womit du vollkommen Recht hast, ist das mit dem Moment im Hier und Jetzt zu genießen. Soll ich dir mal was sagen? Finde ich eines der beschissensten, schwierigsten, herausforderndsten Dinge, die es überhaupt gibt. Wenn ich überlege, wie oft ich am Tag im Hier und Jetzt bin, ist das minimal. Und da sind wir wieder bei dem Punkt: Wenn du jemand bist, der es gewohnt ist, im roten Drehzahlbereich zu denken, zu arbeiten, zu agieren und auf einmal sollst du im Hier und Jetzt sein, dann heißt das im Klartext: Bei 180 auf der Autobahn im sechsten Gang, musst du in den zweiten Gang schalten. Ey weißt du, wie brutal schwer das ist? Das ist kaum machbar und lösbar. Ich sage dir das ganz ehrlich, manchmal kann ich den Satz auch nicht mehr hören: „Du musst im Hier und Jetzt sein". Da kriege ich das Kotzen.

Martin: Es gibt viele Sätze, die ich genauso wie du nicht mehr hören kann. Und mir geht es ganz genauso. Ich bin ja auch ständig am überlegen, wie geht es weiter, was müssen wir noch machen? Und wir haben ja hier auch was vor. Weil wir gerade so schön in den USA sind, ist mir ein Beispiel eingefallen: Der amtierende Präsident, Donald Trump, hatte auch vorher viel Geld. Der musste sich keine Gedanken machen, der konnte alles machen und hatte auch schon großen Einfluss. Der konnte mit seinen vielen Firmen natürlich viele Dinge bewegen. Trotzdem hatte er den Antrieb zu sagen: „Ich schau mal, ob ich es schaffen kann, hier Präsident zu werden". Und er hat es geschafft. Aber er macht mir nicht den Eindruck, als ob er jetzt zufrieden ist.

Ben: Ja und die spannende Frage ist, was kommt danach? Reden wir dann über Weltherrschaft?

Martin: Deshalb gebe ich dir 100%ig recht. Die allerschwierigste Aufgabe, die man überhaupt nur haben kann, ist, an seiner eigenen Zufriedenheit zu arbeiten. Und einer der Sätze, die ich zum Beispiel nicht mehr hören kann – das war ein super Stichwort –, ist: „Lebe deinen Traum“. Da drehe ich mich innerlich wirklich dreimal um die eigene Achse, weil ich persönlich sage, dass jeder Mensch einen Traum haben muss, weil es sonst gar nicht geht. Und wenn ich meinen Traum lebe, dann heißt das ja im Klartext, dass ich aus meinem Traum ein Ziel gemacht und dann angefangen habe, dieses Ziel zu erreichen. Unterhalte dich mal mit Menschen, die so gestrickt sind wie wir beide. Wenn die sagen, „das ist mein großer Traum“, und dann anfangen, den zu verwirklichen und dieses Ziel zu erreichen, dann dauert es nicht lange, bis sie von etwas anderem träumen. Wenn einer sagt: „Ich hätte gern eine Surf-Schule auf Hawaii, das ist mein Traum“, dann ist es, sobald er das realisiert, kein Traum mehr. Dann sitzt er auf Hawaii, hat eine Surf-Schule und dann kommt irgendwas anderes daher. Beispielsweise: „Ich wäre gern Skilehrer in Aspen“, oder sonst irgendwas. Du musst dich selbst gut genug kennen, um dich ausbremsen zu können. Genau wie du gesagt hast, von 180 auf der Autobahn wirklich mal runter. Nur so kann aus meiner Sicht wirklich Zufriedenheit entstehen. Das ist aktive Arbeit an sich selbst.

Ben: Jetzt will ich mal was ganz Provokatives sagen. Wenn ich das jetzt so höre und wenn ich das jetzt mal vergleiche damit, wie ich vielleicht mit diesem Thema Zufriedenheit umgehe, heißt das ja im Klartext – und ich möchte das ein bisschen überziehen: Wer nicht zufrieden ist, ist permanent im Krieg. Damit meine ist, ständig an der Front zu sein, permanent anderen Dingen nachzujagen, ständig unter Volldampf sein, ohne dass ich es mitkriege – oder?

Martin: Diese Kriegsmetapher ist hart, aber es ist schon so, dass ich dann ständig unter Dampf stehe. Die riesige Herausforderung beim Thema Zufriedenheit ist, dass eingetretene Zufriedenheit eben nicht Stillstand bedeutet. Es wird ja häufig gesagt: „Zufriedenheit bedeutet Stillstand“. Jetzt hast du gesagt, nicht zufrieden sein bedeutet Krieg. Und ich glaube, dieser Spagat ist eine Wahnsinns-Herausforderung. Ich kenne aktuell keinen, wo ich sagen würde: „Der hat das richtig im Griff". Ich selbst habe auch eher so Phasen, wenn ich das jetzt betrachte. Ich habe Phasen, da ist mein innerer Antreiber ein bisschen ruhiger, dann macht es eher den Eindruck, als ob ich zufriedener bin. Und dann habe ich aber Phasen, da stehe ich auch wieder auf dem Gas. Wir wären heute nicht hier, wenn wir bei den Vorbereitungen vom Gas gegangen wären, weil da sind ein paar Sachen echt schiefgelaufen, die wir noch schnell regeln mussten. In so einer Situation kannst du nicht vom Gas gehen. Stattdessen musst du auch mal die hinteren Backen zusammenkneifen und durch. Um aus dem Krieg wieder rauszukommen, in dem du dann steckst, muss man sich vielleicht selbst auch fragen: „Wie kann das jetzt hier eigentlich noch besser werden, als im Schatten in der Wärme zu sitzen, einen leckeren Tee zu schlürfen, ein gutes Gespräch zu führen und in einer echt – wie ich finde – sehr bunten und faszinierenden Stadt zu sein?". Natürlich könnten wir jetzt sagen: „Hey, am Pool wäre es jetzt schöner". Aber genau da musst du dann selber den Hebel auch mal umlegen.

Ben: Um da nochmal die Kurve zu kriegen zum Thema Zufriedenheit ... Es ist eine ganz spannende Erkenntnis, zu sagen: „Wenn ich zufrieden bin, heißt das, dass ich angekommen bin". Vielleicht heißt das auch, dass ich mehr und mehr bei mir selber ankomme. Die Zufriedenheit speist sich nicht mehr primär aus dem Außen, das heißt, das Außen ist nicht verantwortlich für meine Zufriedenheit, sondern ich selber bin verantwortlich für das Thema Zufriedenheit. Das darin versteckte Wort Frieden ist, glaube ich, das Gefühl, zur Ruhe gekommen zu sein, angekommen zu sein. Zufriedenheit heißt Zuhause. Das ist ankommen. Und die Frage ist, was kann man tun, um bei sich anzukommen, um in diesen Zustand der Zufriedenheit zu gelangen? Hast du da einen Tipp?

Martin: Ich habe wirklich nur den Tipp, dass du tatsächlich Dinge ausprobieren musst, ob die für dich passen oder nicht, aber ohne in blinden Aktionismus zu geraten. Weil ich beobachte immer wieder, dass Menschen in so eine Art Aktionismus kommen. Dann fangen sie an, Mountainbike zu fahren, kaufen sich da – was weiß ich – ein schickes Rad und die ganze

Ausrüstung. Fahren ein bisschen Mountainbike, dann merken sie: „Okay, das ist zwar von der sportlichen Seite her interessant und herausfordernd, aber zufrieden, weiß ich nicht". Dann kommen sie auf die Idee Wettkämpfe zu fahren, melden sich also bei Wettkämpfen an und so weiter. Und deswegen ist die große Herausforderung, zwar Dinge auszuprobieren, aber dann nicht in das Fahrwasser zu geraten, was in uns drinsteckt. Also zu verhindern, dass unsere DNA, dieser Antrieb, dieser Ehrgeiz, dieses ‚etwas erreichen wollen', dieses ‚ein Ziel haben', wieder die Überhand gewinnt. Und das geht wirklich nur, wenn ich Dinge ganz klar unter der Prämisse ausprobiere: „Macht es mich zufrieden?".

Ben: Jetzt kommen wir nochmal zum intrinsischen Motiv, es gibt im Reiss Motivation Profile® ein Motiv, das nennt sich Wettstreit. Es gibt Menschen, die es lieben, zu wetteifern, eine Revanche einzugehen und so weiter. Denen das was gibt. Ich selbst habe dieses Motiv sehr gering ausgeprägt. Das hat sich schon als Kind bei mir gezeigt. Wenn meine Eltern mit mir Gesellschaftsspiele spielen wollten, habe ich schon einen Brechreiz gekriegt. Das ist bis heute so, zum Leidwesen meiner Kinder. Ich habe dann vielleicht noch Monopoly gespielt, weil das schon wieder was mit Häuser kaufen, Straßen kaufen, Business und so zu tun hatte. Aber für mich geht alles, was mit Wettstreit zu tun hat, gar nicht. Ich kann mich an eine Situation erinnern, da habe ich mal an einem Silvesterabend in einer Gruppe gesessen und die wollten unbedingt Karten spielen. Und ich hatte echt keinen Bock. Und wir haben das Kartenspiel rausgeholt und weißt du, was ich gemacht habe? Ich habe einfach nur raus gelegt, es war einfach scheißegal. Die anderen haben das irgendwann gemerkt und fanden das alles andere als lustig, die waren echt stinkig. Das Blöde war auch noch, dass ich mehrfach gewonnen hab.

Es kann also sein, dass jemand das Motiv Wettstreit hat und das braucht. Der kann das natürlich zu Hause als Hobby machen und das da ausleben. Das ist ja völlig in Ordnung. Das darf sein. Aber da sind wir wieder an diesem Punkt: Dafür muss ich mich kennen. Der Tipp zum Thema Zufriedenheit ist also: Du musst für dich herausbekommen, was dir die innere Zufriedenheit mit dir selber gibt. Und dafür musst du dich kennen. Also da können wir eigentlich fast schon wieder beim Thema Identität andocken.

Also: Ich muss wissen, wer ich bin. Und wenn ich das weiß, dann kenne ich auch meine Motive und Antreiber, die mich in diesen Zustand der Zufriedenheit kommen lassen. Daraus ergibt sich für mich die Frage: Bin ich dann in der Lage, bei mir anzukommen? Würdest du sagen, du bist bei dir angekommen?

Martin: Es gelingt mir nicht immer. Ich muss mich aktiv dazu zwingen, eine ganze Zeit lang nichts zu tun, um überhaupt in den Zustand zu kommen, erkennen zu können, wie es gerade mit meiner Zufriedenheit aussieht. Das habe ich nur durch Ausprobieren entdeckt. Und ich sage da immer spaßeshalber zu meiner Frau: „Ich muss einfach jetzt mal ein paar Minuten nur glotzen". Also sprich, einfach nur irgendwie in die Ferne gucken und gar nichts tun.

Ben: Reflektierst du dann in der Zeit?

Martin: Interessanterweise ist mein Kopf komplett leer in der Zeit, da passiert nichts. Irgendwann – und da scheint dann irgendein Vorgang in mir zu funktionieren – komme ich dann zu dem Punkt, dass ich merke, ich habe noch eine innere Unruhe in mir, ich muss noch irgendwas machen, ich bin nicht zufrieden mit was auch immer, oder ich merke, jetzt gerade ist wirklich alles gut. Was aber nicht heißt, dass ich mich dann 60 Monate darauf ausruhe, sondern es ist der Moment. Jetzt sind wir wieder bei diesem blöden Hier und Jetzt, aber es ist in dem Moment für mich alles gut. Und ich arbeite immer noch dran, dass ich das dann wirklich für mich genießen kann.

Ben: Das sind jetzt zwei Stichworte, die ich da raushöre. Das eine ist, sich Zeit zu nehmen für eine Reflektion, also innezuhalten in dem Moment und sich zu fragen: „Okay, auf welcher Autobahn und auf welcher Spur bin ich eigentlich gerade unterwegs?". Und vielleicht auch mal sich darüber klar zu werden, dass ich im sechsten Gang auf der Autobahn bei 180 das vielleicht gar nicht mehr merke. Das sehe ich auch bei mir. Manchmal ist dieser Moment der Reflektion durch ein Signal von außen ausgelöst. Ich kriege das dann mit, wenn meine Frau mir sagt: „Hier, pass mal auf, du bist gerade total unter Dampf". Ich merke das gar nicht, aber mein ganzes

Umfeld merkt das. Oder meine Mitarbeiter, bei denen ich dann nach einer Zeit merke, „die sind aber irgendwie merkwürdig". Bis ich dann irgendwann mal das Feedback kriege: „Du läufst seit Tagen mit Volldampf durch den Flur". Für alle, die mit Menschen arbeiten, Verantwortung für Menschen haben, Mitarbeiter haben, ist also die Reflektion von außen wichtig. Da braucht es einen Sparringspartner oder Hofnarren, der einen manchmal den Spiegel hinhält und sagt: „Guck mal, so fliegst du gerade. Ist dir das bewusst, was hier passiert?".

Martin: Ich mag zwar dieses Wort Burn-out nicht, aber ich habe mich da mal eine Zeit lang mit befasst, weil ich im näheren Umfeld damit zu tun hatte. Und ein Hauptkriterium für die Gefahr in den Burn-out zu rutschen war, dass jemand schon über den Schritt hinaus ist, den Spiegel von außen akzeptieren zu können. Also wenn dann jemand zu dir sagt: „Mensch, du bist seit Tagen unter Dampf. Komm mal ein bisschen runter, das kann nicht gut sein", suchst du für dich und auch für den anderen immer nur Ausreden und sagst: „Ja, aber das ist jetzt das Projekt ... und da muss noch ... und das ist gleich vorbei ..." und so weiter. Und dann wird es gefährlich, weil dann ist irgendwann der Punkt erreicht, wo du gar nicht mehr runterkommst.

Ben: Also redest du über das klassische ‚Wegverargumentieren'?

Martin: Ja, genau. Die beste Stufe dabei wäre: Du merkst es selber und kannst auch noch was ändern. Wenn das nicht mehr geht, ist die nächste Stufe, dass dir jemand den Spiegel vorhält und du nimmst es ernst. Was ich gerne hier nochmal betonen will: Wenn dir jemand – ob das jetzt Mitarbeiter sind, ob das die Ehefrau ist, der Ehemann, gute Freunde also jemand, der dich kennt – in dem jeweiligen Kontext sagt: „Mensch, also du bist echt unter Strom", oder: „Du stehst zu viel auf dem Gas", gilt es: ernst nehmen! Natürlich kann man jetzt sagen: „Okay, heute ist Mittwoch, ich muss bis Freitag das und das erledigt haben". Dann reden wir von zwei Tagen, die muss jeder irgendwie mal hinkriegen. Man muss vielleicht auch mal eine Woche oder zwei hinkriegen. Man muss vielleicht auch mal eine Phase hinkriegen, aber dann ist es wichtig, nach dieser Phase tatsächlich einen Stopp zu machen. Und da habe ich eine Geschichte im Kopf, die mich richtig berührt hat. Und zwar in meiner Vollgas-Zeit, vor meinem

Herzinfarkt, hat mich im November ein guter Kunde angerufen und hat tatsächlich mit den Worten das Telefonat begonnen: „Herr Sänger, ich wollte mal fragen, ob Sie Ihren Urlaub für das nächste Jahr schon gebucht haben?“. Da sagte ich: „Was ist das denn für ein Einstieg ins Gespräch?“. „Ich mache mir Sorgen um Sie und ich will noch eine ganze Weile mit Ihnen zusammenarbeiten, aber Sie machen ja nie eine Pause“. Das hat ein Kunde mir gesagt! Und sofort hatte ich im Kopf, „ach, das wirkt nur so auf den“. Ja, der Herzinfarkt hat dann bewiesen, dass das nicht nur so auf ihn gewirkt hat, sondern anscheinend auf meinen Körper auch. Und deswegen sollte man es unbedingt ernst nehmen, wenn man so ein Signal von außen kriegt. Denn das kommt nur von Menschen, denen du wichtig bist. Wenn du diesen Menschen nicht wichtig wärst, würden die sagen: „Pff, lass ihn rennen, irgendwann kommt schon die Wand, wo er gegenläuft“. Und diesen Spagat hinzukriegen, sich selber zu bremsen oder dann spätestens, wenn jemand anderes dich bremst, wirklich zu sagen: „Okay, jetzt ändere ich auch was.“ Also ich komme ins Handeln und nehme das ernst. Das ist richtig, richtig schwierig.

Ben: Was ich echt schwierig finde, ist, wenn es der eigene Partner macht. Weil oft ist es so, dass die einen siebten Sinn für uns haben. Sie nehmen auch nochmal ganz andere Nuancen bei einem wahr. Aber wenn sie auf einen zukommen, reagiert man oft mit: „Da hänge ich gerade drin, das ist aber gerade so, das kann ich jetzt nicht ändern, das können wir jetzt nicht machen, weil ...“. Ich erwische mich da selbst, wie ich oft in den Ausrede-Modus komme und meiner Frau verargumentiere, warum es gerade aber auch alles so sein muss, wie es ist.

Martin: Genau. Und bei mir ist es sogar so: Wenn meine Frau das zu vorsichtig macht, dann kommt das gar nicht bei mir an. Also wenn sie vorsichtig fragt: „Mensch, ist es nicht ein bisschen viel zurzeit?“, dann kommt bei mir überhaupt nichts an.

Ben: Da reagieren wir gar nicht drauf.

Martin: Ja, genau. Meine Frau muss mir schon kräftig verbal vors Schienenbein treten, damit ich das merke. Ich habe ja seit einiger Zeit einen kleinen

Hund – so klein ist der gar nicht, das wird ein Rottweiler irgendwann mal – aber, wenn der Fährte aufnimmt, dann muss ich richtig schnippen oder ihm auch in die Seite piksen, und das ist wie so ein Aufwachen bei dem. Das muss verbal stark genug sein, dass das überhaupt noch passiert. Zu schwach geht da nicht.

Ben: Mein zweiter Punkt ist, du hast vorhin gesagt, dass wir das Dilemma haben, dass wir sobald wir runterfahren diese innere Unruhe fühlen. Das habe ich bei mir zum Beispiel erlebt, als ich vor fünf Jahren das erste Mal in meinem Leben mit meiner Frau nach Ägypten geflogen bin, mit dem Wissen, du liegst da mindestens einen halben Tag am Strand. Es gibt keine Action, es gibt kein Programm drum rum. Du liegst, mehr nicht. Und das Geile war, als wir in den Urlaub gefahren sind, sagte sie zu mir: „Pass mal auf Ben, ich will es dir nur schon mal sagen: Ich habe mir vier Bücher mitgenommen, die möchte ich in dieser Zeit lesen". Das war so durch die Blume gesagt: „Also pass auf, du kannst gerne neben mir liegen, aber Fresse halten. Stör mich nicht". Völlig okay, habe ich akzeptiert. Im ersten Jahr habe ich es am Anfang ein bisschen mit der Angst zu tun gekriegt, weil so eine Art von Urlaub habe ich noch nie gemacht. Und dann habe ich gedacht: „Scheiße, was machst du denn?". Das war das Jahr, in dem ich mich entschieden habe, den Motorradführerschein zu machen. Also hatte ich was zu tun, denn da habe ich nämlich die komplette Theorie in den zwei Wochen am Strand gelernt. Das Spannende war: Wir haben den gleichen Urlaub ein Jahr später nochmal gemacht. Jetzt muss man wissen, das WLAN an dieser Stelle in Ägypten ist echt Scheiße, also E-Mails checken und mit dem Büro telefonieren geht nicht so einfach. Den Motorradführerschein hatte ich zwischenzeitlich gemacht. Und da habe ich das erste Mal in meinem Leben zehn Tage am Strand nichts gemacht. Ich habe vielleicht ab und zu auf dem iPad eine Serie geguckt, ein Hörbuch gehört und das war's. Ganz brutal!

Das Verrückte war, dass sich ein Ritual einspielt, weil du ganz genau wusstest, wie der Tag abläuft. Du wusstest, wann was passiert und das wurde ritualisiert. Wenn du mich vor zehn Jahren gefragt hättest, ob ich in der Lage bin, sowas zu machen oder sowas zu wollen, hätte ich dir wahrscheinlich geantwortet: „Ich glaube, du hast einen Volldonner!

Geht gar nicht, funktioniert für mich nicht!". Wir haben das dann immer regelmäßiger gemacht, auch manchmal zweimal im Jahr. Und es ist bis heute so, wenn wir diese Art von Urlaub machen, brauche ich wirklich zwei Tage, bis ich das Gefühl habe, diesen inneren Unruhe-Modus nicht mehr zu fühlen.

Mir fällt gerade ein, ich habe einen Kunden, dem ich irgendwann mal gesagt habe: „Ich habe das Gefühl, du hast den ganzen Tag den Fuß in der Steckdose". Also da ist es so extrem, dass es mir schon auffällt. Der ist so in einem Unruhe-Modus, wenn bei dem nicht was läuft und der ist immer 24/7 unterwegs, dann ist sofort Holland in Not – geht gar nicht. Und da gibt es auch ständig Situationen, wo er sagt: „Mensch, da muss wieder was her". Und dann ist dies und dann ist jenes. Wenn ich da manchmal so von außen drauf gucke, habe ich echt den Eindruck, dass der das eine Zeitlang macht und dann einfach umfällt.

Martin: Ja, absolut. Wie viele Leute kennst du, die sagen: „Ich werde immer, wenn ich Urlaub habe, krank". Das ist ein echtes Phänomen. Das ist nämlich genau dieses Thema! Ich habe mal spaßeshalber zu meiner Frau gesagt: „Ich glaube, die Grippe schaut in meinen Kalender". Weil mich hat es immer in den ersten Tagen des Urlaubs völlig zerlegt. Also ob das eine Grippe war oder irgendwelche anderen Geschichten, immer in den ersten Tagen des Urlaubs bin ich krank geworden. Das ist, weil man runterfährt. Ja und dann hat bei mir immer die Krankheit gesagt: „So Junge, dir gebe ich es mal richtig! Ich zeige dir, dass du eigentlich schon lange übertrieben hast. Du warst schon viel zu lange im roten Bereich unterwegs und das beweise ich dir jetzt". So deute ich das heute. Das ist genau der Punkt, an dem man erkennen kann, ob man schon zu lange im roten Bereich läuft. Und ja, wir sind mit diesen Gedanken natürlich dann ganz weit von Zufriedenheit entfernt.

Ben: Um das jetzt nochmal zusammenzufassen: Zufriedenheit bedeutet, ich muss wissen, wer ich bin, um die Indikatoren zu kennen, die mich in eine Zufriedenheit führen. Ich muss meine intrinsischen Motive kennen sowie meine Antreiber und Bedürfnisse, um zu wissen, was gibt mir Energie und was nicht. Und ich bin dann auch in der Lage, diese intrinsischen Motive je nach Situation und Setting zu steuern. Ich kann ja bestimmte Motive in bestimmten Settings ausleben und muss sie in anderen Bereichen nicht ausleben.

Das nächste Stichwort, was mir aufgefallen ist, ist „Reflektion". Reflektiere ich mich oder habe ich jemanden, der mir hilft, mich zu reflektieren? Übrigens, da gibt es eine ganz spannende Frage für jeden Inhaber, Geschäftsführer und Manager: „Wer darf mich unterbrechen? Und zwar egal, wann am Tag. Wer darf mich unterbrechen?". Eine Aufgabenstellung wäre also mal zu gucken, ob ich jemandem das Mandat geben würde, mich zu unterbrechen. Vielleicht habe ich auch schon so jemanden. Wer ist das für mich in dem Moment, wer darf mich unterbrechen? Und vielleicht muss ich demjenigen auch mal sagen: „Du, tu mir mal einen Gefallen. Kannst du mich zweimal in der Woche unterbrechen?". Einfach vorsichtig damit anfangen.

Und der letzte Punkt ist dieses Thema: Bei sich ankommen, kann nur passieren, wenn ich nicht in dem Unruhe-Modus hänge. Die Situation darf mich nicht unruhig sein lassen, nur weil ich drei Gänge zurückgeschaltet habe. Hier muss man aktiv gegensteuern. Und – ganz ehrlich – diese Unruhe-Nummer ist mega herausfordernd. Mega.

Martin: Total, ich verordne mir ja selber seit meinem Herzinfarkt immer mal so Ruhetage zwischendurch. Ich bin am Ende eines solchen Ruhetages immer tierisch unzufrieden, weil ich mich frage: „Was habe ich denn heute gemacht?" Und deswegen ist es auch ganz wichtig – und das würde ich gerne an die Sachen, die du gerade gesagt hast, mit dazuschreiben – die eigenen Bedürfnisse zu kennen, aber vor allem auch ernst zu nehmen und darauf zu reagieren. Ich glaube, wenn ich jetzt an die 18 Jahre Vollgas denke, selbst wenn ich meine eigenen Bedürfnisse erkannt hätte, was ich in den meisten Fällen nicht getan habe, hätte ich die vermutlich nicht ernst genommen. Selbst im inneren Dialog hätte ich die nicht ernst genommen. Da habe ich auch ein echt spannendes Beispiel. Ich habe im Fernsehen ein Unternehmen gesehen, was ich total interessant fand und das war nur 20 Kilometer von mir weg. Da dachte ich mir, da will ich mal vorbeischauen. Ein paar Monate später habe ich tatsächlich den Unternehmer bei mir im Vortrag sitzen sehen und dachte mir: „Hey, das ist doch der Typ, zu dessen Unternehmen ich schon die ganze Zeit wollte". Hinterher habe ich ihn angesprochen und gesagt: „Mensch, du hast doch das und das Unternehmen und ich wollte da mal vorbeikommen". Der Unternehmer lud mich ein, „komm auf einen Kaffee vorbei". Und ich habe gesagt: „Ja, mache ich". Es hat eineinhalb Jahre gedauert, dann hatte ich meinen Herzinfarkt, und wie ich aus dem Krankenhaus entlassen wurde, hatte der einen Tag der offenen Tür. Da habe ich zu meiner Frau gesagt: „So, Schluss, aus, Ende, jetzt nehme ich meinen Wunsch dahin zu gehen, so ernst, dass ich es heute probiere". Ich hatte echt noch Pudding-Knie und war nicht gut zu Fuß, aber wir sind dahingegangen und der hat mich mit den freundlichen Worten empfangen: „Wow, siehst du Scheiße aus". „Ja, könnte dran liegen, dass ich vor 14 Tagen einen Herzinfarkt hatte". Daraufhin hat er erst mal gelacht, weil er das logischerweise nicht ernst genommen hat. Als ich ihm aber klargemacht habe, dass das wirklich stimmt, hat er gesagt: „Pass auf, dann komm doch nicht vorbei, wenn hier Tag der offenen Tür ist, sondern komm irgendwann mal entspannt auf einen Kaffee". Das habe ich gemacht. Und da ist eine echt tolle Freundschaft entstanden.

Das hat mir nochmal gezeigt, wie viel man auch verliert, wenn man eben nicht auf seine Bedürfnisse hört, sondern einfach Vollgas weiterfährt. Dann kann sowas nicht mehr entstehen, weil man eben das Ganze nicht vorantreiben oder nicht mal realisieren kann. In diesem Beispiel ist es ja nicht mal vorangetrieben von mir. Ich wusste ja nicht, dass ich mich mit dem so gut verstehe, dass wir viel gemeinsam unternehmen werden und uns sogar WhatsApps aus dem Urlaub schicken. Aber das ist das, was einem dann versagt bleibt. Und immer, wenn ich es schaffe, so zu handeln, wie ich das da getan habe, ist das der Moment, wo ich mir selber sage: „Das führt zur Zufriedenheit". Ein super Kontakt mit einem Menschen, ein tolles Erlebnis zu haben, oder, oder, oder. Und dann geben meine inneren Antreiber echt auch mal kurz Ruhe. Nicht lang, aber kurz.

Ben: Die Erfolgsformel heißt also, Zufriedenheit habe ich dann, wenn ich bei mir angekommen bin und ich in einer entspannten Situation aber trotzdem das Gefühl habe, meine Bedürfnisse und Motive werden erfüllt. Und ich glaube, das ist die größte Challenge, die wir auch im Leben haben.

Gerade für die, die einfach massiv auf Tempo unterwegs sind – und ich schließe mich da völlig mit ein – bekommt dieses eigentlich unspektakuläre Wort Zufriedenheit auf einmal eine Bedeutung, sodass wir merken, es ist alles andere als einfach und es ist mega herausfordernd für uns, in diesen Modus der Zufriedenheit zu kommen – weil das nämlich bedeutet, bei sich selbst anzukommen. Ein Wunsch für die Lesenden dieses Buches ist – und das würdest du wahrscheinlich auch unterschreiben –, dass sie hierdurch Impulse und vielleicht sogar Antworten bekommen, um immer mehr und mehr bei sich anzukommen, damit sie am nächsten Morgen anders agieren.

Martin: Die Herausforderung ist, zufrieden und trotzdem erfolgreich zu sein.

SELBSTTEST: KAPITEL 5

UNZUFRIEDENHEIT

Differenziere gründlich:

Was macht dich zufrieden?	Womit gibst du dich zufrieden?

Gratis Reiss Motivation Profile®

Es gibt 16 Motive, die unser Leben bestimmen. Sie geben unserer Existenz Sinn und Bedeutung und sind sozusagen der Stoff, aus dem wir Menschen gemacht sind. Wie diese Motive ausgeprägt sind, ist bei jedem unterschiedlich.

Wenn du mehr wissen willst über deine intrinsischen Motive, dann setz dich mit Ben in Verbindung und schreib ihm unter:
b.schulz@benschulz-consultants.com

Ich schenke dir dein Reiss Motivation Profile® und du erfährst deine 16 Lebensmotive – im Wert von 85,- Euro. Nur wenn ich weiß, wer ich bin und was mich motiviert, kann ich mich selbst und andere besser verstehen und anders agieren.

Ben Schulz

KAPITEL 6

WORK-LIFE-BLABLA

WIE WICHTIG BIST DU DIR SELBST?

Von Sedona aus machen wir uns auf den Weg back to Vegas. Dafür verlassen wir die Route 66 und fahren stattdessen erst den Highway 14 Richtung Kingman und wechseln dort auf den Highway 93. Wir finden höher gelegen, im Rücken eine Herde Schafe, einen schönen Platz, von dem aus wir einen fantastischen Blick auf den Lake Mead haben, der mitten in einer Wüstenlandschaft liegt.

Hier anzukommen hat uns einige Meilen gekostet, die uns allen etwas in den Knochen hängen. Und doch kann man zu diesem Zeitpunkt schon rückblickend sagen, dass wir auf diesem Trip eine gute Verbindung zwischen Erleben und Arbeiten gefunden haben. Wir schafften es, die Strecken zu fahren, die wir uns vorgenommen hatten, fanden tolle Locations zum Drehen und waren trotzdem rechtzeitig in den Hotels, um uns auch ein wenig zu regenerieren.

Auf der langen Fahrt haben wir alle Zeit, um die letzten Tage Revue passieren zu lassen, nochmal tief durchzuatmen und die letzten Kräfte zu mobilisieren. Auch ein persönlicher Transformationsprozess kostet Kraft. Der Verlust und die Sehnsucht nach Zufriedenheit bewegen einen, sich emotional auf den Weg zu machen, etwas zu ändern. Das führt häufig zu Vorsätzen, die wir von Silvester kennen: „Ich werde ab nächster Woche drei Stunden Sport machen", „Ab sofort stelle ich meine Ernährung um". Im Transformationsprozess liegt also wieder die Gefahr, es zu übertreiben. Das andere Extrem ist, nichts ändern zu wollen. Diese Menschen sind nur und allein auf der Suche nach dem schnellsten Weg wieder zurück nach Vegas.

Was ist die gesunde Mischung? Wie übertrage ich meine Erkenntnisse in das Setting, in das ich wieder zurückkehre? Und was brauche ich dafür, um etwas in mein bisheriges Leben zu integrieren? Genau diese Fragen führen uns zu den sogenannten Trendthemen: Resilienz, Agilität, Work-Life-Balance, Trallala, Hopsasa ...

Ben: In den letzten Jahren tauchen ja so Trendbegriffe auf. Fällt dir das auch auf? So Sachen wie Work-Life-Balance?

Martin: Oh ja, mein Lieblingsthema.

Ben: Danach kam: „Manager müssen Resilienz erlernen".

Martin: Ja. Aktuell digitalisieren sich alle.

Ben: Das nennt sich dann Work-Life-Balance 4.0. Jetzt gerade ploppt die Frage auf: „Wie werde ich agiler im privaten und im beruflichen Umfeld?".

Martin: Ja, die agile Lebensführung.

Ben: Bleiben wir einfach mal bei dem Begriff Work-Life-Balance. Wie interpretierst du das?

Martin: Ich finde das ist ein ganz schrecklicher Begriff, aus einem relativ einfachen Grund: In dem Begriff an sich steckt ja, dass ich meine Leben trennen soll. Ich hatte mich mal kurzzeitig vom Leben getrennt, ist gar nicht so gut. Und deswegen würde ich das lieber Life-Life-Balance nennen. Weil ich habe ja ein Berufsleben und ein Privatleben und natürlich gibt es da eine gewisse Trennung, aber für mich ist das Wichtige, dass hinter beidem die gleiche Person dahinterstecken muss. Und jetzt sind wir wieder bei der Echtheit: Ich muss echt sein in meinem Privatleben und ich muss echt sein in meinem Berufsleben. Deswegen finde ich diese massive Trennung für mich selber ganz schwierig. Vielleicht liegt das auch ein bisschen an dem Job, den ich gemacht habe, denn da musste ich immer „Ich" sein, damit ich auch bei den Kunden gut ankomme. Mag sein, dass es Berufe gibt, wo das jetzt nicht so wichtig ist – da habe ich mir noch keine ganz großen Gedanken drüber gemacht – aber für mich ist es so: Ich habe ein Leben und da gehört der Beruf dazu genau wie mein Privatleben. Aber ich trenne mich da nicht, sondern fülle beides aus. Und deswegen finde ich Work-Life-Balance als Begriff schwierig. Die Idee dahinter, das Ganze in die Balance zu bringen und nicht so wie ich 18 Jahre lang nichts anderes zu machen als zu arbeiten, unterschreibe ich sofort – ich finde nur den Begriff einfach unglücklich.

Ben: Ich glaube, dass Menschen mit Führungsverantwortung genauso wie Selbstständige mit dem Thema nochmal eine andere Herausforderung haben, als ein Arbeitnehmer, der fünf Tage die Woche seine acht bis zehn Stunden arbeitet. Ich für mich weiß gar nicht, ob das überhaupt trennbar ist. Ich kann dir von mir sagen, dass das alles so ineinander verschmilzt, dass das überhaupt nicht mehr trennbar ist. Du nimmst Sachen mit nach Hause. Es ist also nicht so, dass du beim Verlassen des Büros das Business-Thema hinter dir lässt, zu Hause nicht darüber sprichst, nicht mehr ans Handy gehst und auch keine E-Mails checkst. Ist ja Blödsinn. Das kannst du ja auch in gewissen Positionen gar nicht und deswegen nimmst du das mit nach Hause. Aber ich gebe dir vollkommen Recht, ich störe mich auch an dem Wort. In der Führung wird oft gesagt: „Mensch, Sie als Führungskraft müssen in Balance kommen, damit Sie lange und genug Energie haben, Ihren Job auszuüben, nicht ausbrennen" und so weiter. Ich sage es dir, ganz ehrlich, es müsste eher Lebens-Balance heißen. Unsere unterschiedlichen Rollen müssen da miteinander agieren und in ein Zusammenspiel kommen. Ich habe da immer ein Bild im Kopf. Jede Rolle, die wir einnehmen, stelle ich mir wie eine Säule vor und auf all diesen Säulen liegt ein Plateau oben drauf. Je nachdem, wie ich selbst diese Säulen gewichte, ändert sich die Lage des Plateaus. Es gibt also die Gefahr einer Schräglage und die verbildlicht die Nicht-Balance. Ich selbst hatte schon solch massive Schräglagen, dass ich keine Balance mehr in die unterschiedlichen Sets, in denen ich unterwegs war, bekommen habe.

Martin: Du hast es im Prinzip schon gesagt, wichtig ist, dass man selbst immer wieder nachtariert und zwar in manchmal ganz kurzen Zeiträumen nachtariert. Das heißt, wenn ich heute eine Phase habe, wo ich merke „hey, das funktioniert ganz gut, mein Leben ist mit den unterschiedlichen Säulen in der Balance ", dann kann das am nächsten Tag schon wieder komplett anders sein. Ich kriege ein Projekt auf den Tisch und schon stecke ich wieder zu sehr im Geschäftlichen. Bei Menschen, die ihren Job verlieren, ist es andersrum. Die haben auf einmal zu viel Freizeit, das ist auch nicht gut. Das ist vergleichbar mit dem Bild eines Seiltänzers, der muss auch permanent austarieren und schauen, dass er die Balance hält. Das geht aber unter, wenn du auf der linken Spur mit Vollgas unterwegs bist. Was dazu führt, dass man aus der Balance gerät. Ich finde dein Bild mit der Plattform sehr schön und wenn die Plattform nur ein bisschen aus der Balance gerät, kann man das sicherlich noch ausgleichen. Aber irgendwann gerät die so aus der Balance, dass die rutscht. Und wenn es erst mal rutscht, ist es zu spät, dann kann man nämlich nichts mehr austarieren. Stattdessen versucht man dann verzweifelt, sich irgendwie festzuhalten und kann nur hoffen, dass das gelingt. Aus diesem Grund sind die Krankheitsfälle, die damit zu tun haben, dass etwas aus der Balance gerät, ansteigend.

Ben: Wenn das Plateau erstmal in Schieflage geraten ist, kann dir das ganze Ding auch zusammenfallen. Bei mir hat damals die Aneinanderkettung von nicht-in-Balance-Sein in den unterschiedlichsten Rollen den Endeffekt gehabt, dass alles zusammengekracht ist. Ich glaube, dass viele im Management oder in Führung massiv unter Druck stehen. Die sind ausgepowert, die sind ausgebrannt, die stehen kurz vorm Burn-out. Und ich behaupte, dass die Menschen, die einen Burn-out haben, nicht zu viel arbeiten. Ich glaube, man ist in der Lage, eine Menge zu arbeiten. Auch wenig zu schlafen, wenn ich grundsätzlich etwas tue, was ich mit einer hohen Passion verfolge, denn das gibt mir Energie, statt sie mir zu entziehen. Deshalb glaube ich, dass die meisten nicht aufgrund von zu viel Arbeit in eine depressive Stimmung verfallen und einen Erschöpfungszustand erleiden, sondern weil sie in ihren unterschiedlichen Rollen keine Balance hinbekommen. Sie haben also Rollenkonflikte an vielen Stellen. Ich selbst war damals in meinen unterschiedlichen Rollen komplett aus der Balance. Das hätte ich damals wahrscheinlich nicht zugegeben, was dazu geführt hat, dass das Kartenhaus am Ende komplett zusammengebrochen ist.

Martin: Ich kann das, was du gesagt hast, tatsächlich mit einem sehr aktuellen Beispiel belegen, also dass zu viel Arbeit und zu wenig Schlaf nicht automatisch in einen Burn-out führen. Wir sind hier in Amerika unterwegs, das komplette Team kämpft mit einem Jetlag, weil wir neun Stunden Zeitdifferenz haben. Wir tun uns schwer mit dem Schlafen und trotzdem sind wir auf den Punkt alle immer da, wenn wir hier unseren Job erledigen wollen. Wir sind heute viel Auto gefahren, von Sedona bis hierher an den Lake Mead und wir beide – das kann man offen und ehrlich sagen – waren jetzt auch erst mal so ein bisschen k.o. vom langen Autofahren. Aber trotzdem, wenn da Passion dahintersteckt, wenn Spaß, Freude, Leidenschaft dahinterstecken, dann ist die viele Arbeit oder der wenige Schlaf nicht das Problem. Wir machen hier, glaube ich, alle noch mit Freude unseren Job. Und deswegen ist es vollkommen richtig, dass es um die Balance geht. Zum Beispiel haben wir gestern Abend ein wunderschönes Restaurant entdeckt, in dem wir lecker gegessen haben. Und das muss einfach zusammenspielen und alles passen. Natürlich haben wir das alles jetzt komprimiert auf eine Woche, trotzdem gestalten wir das Ganze sehr passend.

Ben: Jetzt hast du einen guten Punkt gebracht, nämlich das Thema Leidenschaft. Wenn man das Wort mal auseinanderpflückt, höre ich da so ein bisschen meine Großmutter im Ohr, die immer gesagt hat: „Leidenschaft schafft Leid". Würdest du das unterschreiben oder wie würdest du das definieren?

Martin: Ich würde jetzt nicht generell sagen, dass jegliche Leidenschaft immer Leid schafft. Aber natürlich ist es so, wenn ich etwas mit großer Leidenschaft mache, laufe ich immer Gefahr, dass ich die Balance verliere. Das kennt jeder, der schon mal die Zeit vergessen hat, während er seinem Hobby nachgegangen ist, egal welches Hobby das ist. Du schaust auf die Uhr und sagst: „What, schon so spät?". Da steckt ja die Leidenschaft mit drin. Oder wenn man frisch verliebt ist und voller Leidenschaft für den anderen ist, guckt man auch nicht auf die Uhr. Und da ist immer die Gefahr, dass man wirklich immer wieder zu viel von allem macht und dann kommt ja schon das Leid hinzu oder kann dazu kommen. Ich würde es aber nicht als festgesetzt ansehen. Denn wenn ich etwas leidenschaftlich gerne tue und es aber trotzdem schaffe, rechtzeitig auch mal was anderes zu machen, dann schafft es nicht automatisch Leid. Das ist der Punkt, mit dem ich das ein bisschen eingrenzen würde.

Ben: Also das heißt, wenn ich was mit Leidenschaft tue und mit hoher Passion, besteht aber auch da wieder die Gefahr, wieder nicht in Balance zu sein?

Martin: Ja, also einfach dadurch, wie ich es gerade schon kurz gesagt habe, dass ich mich da drin verlieren kann. Dinge, die ich mit Leidenschaft mache, in denen verliere ich mich. Ich gebe zu, ich bin leidenschaftlicher

Autofahrer. Mir hat das heute einen großen Spaß gemacht, diese Entfernung zurückzulegen und schön mit einem blubbernden V8 da über den Highway zu cruisen. Wenn mich jetzt nicht unser Vorhaben gebremst hätte, wer weiß, wo ich hingefahren wäre. Und dann wäre ich was weiß ich wo rausgekommen und hätte gedacht: „Ja Mist, was machst du denn jetzt? Du musst dir irgendwo ein Motel suchen und gucken, dass du noch eine Mütze Schlaf kriegst". Also das hätte mir passieren können, weil es faszinierend ist, wie sich die Landschaft verändert, während ich gemütlich in dem Auto sitze und gute Musik höre. Bei diesem Wetter in Arizona mit dem Cabrio unterwegs zu sein, ist einfach ein Traum. Wobei in Richtung Lake Mead wurde es schon echt knackig heiß.

Ben: Zu viel Leidenschaft macht dann auch Sonnenbrand, glaube ich.

Martin: Ja, in dem Fall macht Cabrio-Fahrer-Leidenschaft auch Sonnenbrand, aber ich hoffe, es wird klar, was ich meine. Ich fahre leidenschaftlich gerne Auto und wenn ich jetzt nicht wüsste, ich muss da sein, damit wir um die Uhrzeit das und das machen können, dann würde ich da einfach in der Gegend herumcruisen und schauen, wo komme ich raus. Und das kann natürlich auch dumm ausgehen. Hier ist nicht alle fünf Minuten eine Tankstelle. Da muss ich mich also schon ein bisschen im Griff haben und gucken, wo fahre ich hin, was kann ich da tun? Also ich brauche schon ein bisschen einen Plan, damit meine Leidenschaft eben kein Leiden schafft.

Ben: Wenn du das erzählst, muss ich nochmal auf das Balance-Ding zurückkommen. Du bekommst die Situationen ja mit dem Vorschlaghammer. Ich habe mal eine Fahrt im Rettungswagen mit Verdacht auf Herzinfarkt gehabt. Der Punkt ist, das erlebt man alles. Man erlebt, wie Beziehungen kaputtgehen, man erlebt, wie man durch Fehlentscheidungen an ein Existenzminimum kommt und so weiter. Ich sage es dir ganz ehrlich: Dieses Balance-Thema, das hört sich alles so chic und einfach an, aber wenn ich mich jetzt aktuell fragen müsste, ob ich in Balance lebe, könnte ich mir die Frage gar nicht zu 100% mit Ja beantworten, weil ich einfach merke, wie anspruchsvoll dieses kleine Wort Balance ist. „Da musst du in Balance kommen und das musst du dann ordentlich ausjustieren" und so weiter.

Ich merke, im Tagesgeschäft kriege ich das kaum hin. Ich nehme mal ein Beispiel: Ich habe mir vorgenommen, dass ich mittags auch mal eine Mittagspause mache. Ich habe die Angewohnheit gehabt, dass ich morgens nicht mal richtig gefrühstückt habe, sondern ich bin direkt ins Büro gedüst, habe geschaut, dass ich der erste im Büro bin, bevor meine Leute kommen. Und im Regelfall ist es so, dass ich entweder der Letzte bin, der aus dem Büro geht oder der zwar nach Hause fährt, dort aber weiterarbeitet. Wie schwierig es mir fällt, Stopps zu setzen und zum Beispiel auch mal Mittagspausen zu machen, weil ich einfach merke, dass ich das brauche, um Energie zu tanken. Und wie schwer es mir fällt, abends zu Hause auch zu sagen: „Jetzt ist echt mal Feierabend, also Notebook weg, Handy weg" und so weiter. Und ich merke, wie ich mit diesem Balance-Thema jeden Tag zu kämpfen habe.

Martin: Richtig, ja. Kann ich absolut nachvollziehen, ist bei mir keinen Deut anders gewesen. Ich habe dann versucht, mich ein Stück weit selber zu überlisten, indem ich mir eigene Regeln aufgestellt habe. Also ich habe mir zum Beispiel eine Regel aufgestellt, dass ich keine Woche mehr als 60 Stunden arbeite. Dann schaue ich, dass ich in jeder Woche mindestens vier Stunden Sport drin habe. Ich versuche also über die Zahlen und über die Messbarkeit, mir die eigene Balance sichtbar zu machen. Ich habe zum Beispiel auch die Regel – die gilt jetzt auch, wenn ich aus Amerika zurückkehre – dass ich mindestens einen kompletten Tag, nachdem ich von irgendwo zurückgekehrt bin, Ruhe habe. Wir landen Dienstagfrüh und ich zähle den Dienstag aber nicht als den Ruhetag, weil ich muss am Dienstag noch nach Hause fahren. Das heißt, der Mittwoch ist komplett frei. Da ist nichts. Da hat nichts zu sein. Das muss ich hinkriegen, das muss ich managen. Am Donnerstag habe ich die ersten Termine wieder drin, aber nicht vorher. Das ist so eine Regel, das habe ich früher nicht gemacht. Ich hätte früher tatsächlich gesagt: „Also wir landen Dienstagfrüh um acht irgendwo in Frankfurt, dann kann ich problemlos um – keine Ahnung – 11 Uhr da und da sein". Hab ich früher so durchgezogen. Und da musste ich mir selber durch die Regeln einen Riegel vorschieben und sagen: „Das mache ich nicht mehr". Und jetzt ist die einzige Disziplin, die ich aufbringen muss, die, dass ich meine eigenen Regeln nicht breche. So versuche ich, die Balance wieder reinzukriegen.

Ben: Wenn es ums eigene Regelwerk geht, reden wir ja über Rituale. Rituale sind Sachen, die ich in einer Regelmäßigkeit wiederkehrend vornehme, damit sie irgendwann zur Gewohnheit werden. Und ich glaube, das ist die größte Herausforderung bei dem Thema Balance. Ich nehme mir dann Sachen vor, also der Klassiker, Silvestervorsatz. So unter dem Motto: „Ich höre mit dem Rauchen auf, ab Januar". Oder: „Ich esse ab Februar nur noch kohlehydratfrei". Schicker Vorsatz, spätestens beim nächsten Geschäftsessen, wenn man dann auf einmal beim Italiener ist und dann doch gerne Pasta isst, sagt man: „Ach komm, ab morgen. Einmal schadet doch nicht". So und dann merkst du auf einmal, dass du wieder da drin hängst. Ich habe mich immer mal gefragt, wie man das erklären kann, dass Rituale zur Gewohnheit werden können. Und ich habe da von einem sehr coolen Bild gehört, ich weiß gerade gar nicht, wer das mal erzählt hat. Das habe ich mal in irgendeinem Vortrag gehört von einem Neurologen, der erzählt hat, du musst dir Folgendes vorstellen: Da ist eine Winterlandschaft im Park und auf der anderen Seite ist eine Imbissbude. Und wir sind ständig einen bestimmten Weg zu dieser Imbissbude gelatscht. Und dadurch, dass ja Schnee gefallen ist im Park, sehen wir den Trampelpfad zu dieser Imbissbude. Ein Umlernen wäre jetzt zu sagen: Alles klar, wir verlassen diesen Pfad und laufen einen anderen Weg zu dieser Imbissbude. Der Weg ist vielleicht weiter, aber wenn ich den einmal gegangen bin und da fällt eine Nacht Schnee drauf, dann sehe ich den Pfad nicht, der ist am nächsten Morgen wieder weg. Die Frage ist, wie oft laufe ich diesen neuen Pfad, auch in meinem Kopf und im Erleben und im Tun und im Entscheiden, damit aus diesem Pfad irgendwann ein neuer Trampelpfad wird und gleichzeitig über den anderen Schnee fällt, damit der irgendwann weg ist. Das ist ja Umlernen. Weil das so herausfordernd ist, scheitert man auch oft. Also Klassiker: Es hat bei uns in der Gegend ein neues Fitness-Studio aufgemacht. Ich habe mir vor einem Jahr vorgenommen: „Weißt du was, da kannst du zwei Mal in der Woche, wenn du zum Büro fährst, morgens vorbeifahren. Gehst da rein, machst da eine halbe Stunde, eine Stunde, gehst hinterher duschen, setzt dich ins Auto und fährst ins Büro, bist du um 8:00, 8:30 im Büro". Die machen schon morgens um 7 Uhr auf. Das liegt auf dem Weg zum Büro. Die haben super schicke Sanitäranlagen, ich habe mir das vorher angeguckt, alles super.

Martin: Ja, super Idee.

Ben: Ich habe mich vor einem Jahr angemeldet. Rate mal, wie oft ich in der Zeit da war.

Martin: Ich kenne dich ja als jemand, der schon auch eine gewisse Konsequenz hat, elf Mal.

Ben: Also etwa einmal im Monat?

Martin: Ja.

Ben: Würdest du schätzen?

Martin: So ungefähr.

Ben: Ja, ich war jetzt ...

Martin: Ich liege zu hoch.

Ben: ... einmal im Jahr da. Und weißt du, was mich daran erinnert, dass ich total inkonsequent bin?

Martin: Hm?

Ben: Wenn ich Monat für Monat auf meinem Kontoauszug sehe, dass die wieder ihre Gebühr abgebucht haben.

Martin: Ja. Ich bin wieder dran erinnert worden, als wir vorm Helikopter-Flug auf die Waage steigen mussten.

Ben: Aber du hast weniger gewogen. Also habe ich es nötiger als du.

Martin: Du hast im Prinzip mehr oder weniger die Frage aufgeworfen, warum es so schwierig ist, das durchzuhalten? Wir alle, für die das Buch geschrieben ist, haben es fürchterlich gut im Griff, im geschäftlichen Bereich diszipliniert zu sein. Wir schauen, dass wir die Meetings einhalten, die wir ausmachen, die Zusagen einhalten, die wir ausmachen und so weiter. Und die ganz gemeine Frage ist: „Welche Priorität hat dein privates Vorhaben für dich?“. Und daran angeschlossen die Frage: „Wie wichtig bist du dir selbst?“. Da liegt nämlich genau die Antwort auf deine Frage. Es ist alles chic, das Fitness-Studio liegt auf dem Weg, du musst nicht extra irgendwohin fahren. Die Sanitäranlagen sind toll, sodass man da auch mit einem guten Gefühl morgens duschen kann und nicht irgendwie Angst haben muss, sich was wegzuholen. Es macht schon so früh auf, so dass vom Tag quasi nicht viel verloren geht, ein bisschen was ist es immer, aber nicht viel. Alle Faktoren sprechen dafür, aber der Faktor Priorität für dich selbst spricht dagegen.

Ben: Und in dem Moment bin ich inkonsequent. Eine Säule der Balance ist Gesundheit, kann auch Ernährung sein, kann Bewegung sein. Wir sind natürlich primär immer Leute, die im Büro und in Meeting-Räumen unterwegs sind. Also so mit Bewegung haben wir es nicht ganz so massiv. So dass wir auf einmal feststellen, das ist ein Punkt, der nicht in Balance ist, der könnte anders sein. Mit dem Thema Prioritäten hast du natürlich ein gemeines Thema angeschnitten, weil es die Frage danach ist, welche Priorität ich mir selbst gebe. Das ist natürlich mega heftig. Weil ganz ehrlich ... alles andere hat erst mal Priorität. Und primär Business und Beruf. Ich würde das sogar nochmal ein Stückchen ausweiten, ich nenne das immer so das innere Atom. Also so die innersten Faktoren, die mich betreffen. Das bin einmal ich und das sind vor allem dann auch die Settings, die ganz nah an mir dran sind. Also ich sage mal so ein Beispiel. In der extremen Phase, als ich mich von meiner ersten Frau trennte, muss ich ganz ehrlich sagen, dass ich meine Prioritäten, was meine Kinder betrifft, nicht gut gesetzt habe. Heute ist mein Kinderkalender ein Jahr im Voraus geplant. Ich weiß genau, wann sind meine Kinder bei mir, wann Ferien, an welchen Wochenenden sind sie bei mir und so weiter. Ich habe heute eine intensivere und ausgeglichenere Papa-Kind-Beziehung als ich das in den Jahren zuvor hatte.

Martin: Jetzt hältst du eine Regel ein.

Ben: Ich halte eine Regel ein.

Martin: Oder eine Regelmäßigkeit.

Ben: Genau. Also ich fange an, mit mir Termine zu machen. Und ich halte mich daran, weil das für mich Priorität hat.

Martin: Das ist es. Wenn jetzt in deinem Terminkalender dienstags und donnerstags stehen würde, 7:30 Uhr Fitness-Studio bis 9 Uhr und es kommt irgendeine Anfrage: „Sagen Sie mal, Herr Schulz, können Sie am Dienstag um 9 Uhr das und das machen?", – wie schnell bist du dabei zu sagen: „Ja gut, da steht nur Fitness-Studio, das geht"? Eben. Das ist es. Deswegen die Frage, wie wichtig bist du dir selbst und welche Priorität haben deine nicht-geschäftlichen Vorhaben für dich?

Ben: Da heißt, eines der Erfolgs- und Schlüsselfaktoren zum Thema Balance ist das Thema Prioritäten setzen.

Martin: In jedem Fall, ganz klar. Und wirklich auch die Prioritäten, die du dir selber gönnen musst. Ich habe das Thema noch etwas ausgedehnter: Ich habe kein Fitness-Studio, ich habe das mal versucht, das macht mir einfach keinen Spaß. Dann haben die Leute gesagt: „Fang doch einfach an zu laufen. Das kannst du überall machen, wenn du irgendwo in einem Hotel bist, kannst du einfach loslaufen".

Ben: Loslaufen, genau.

Martin: Finde ich total bekloppt, also komme ich überhaupt nicht ran an dieses Thema. Ich bin mal in Hamburg halb um die Alster rumgelaufen, habe dann gemerkt, Mist, ich muss auch irgendwie wieder zurück.

Ben: Hast du dir ein Taxi genommen?

Martin: Ne, ich bin wirklich zurückgelaufen. Und dann sitze ich im Hotelzimmer und denke mir, was war das denn? Also jetzt bin ich wie ein Depp um die Alster gelaufen, eigentlich sollte das schön sein, aber ne, macht mir keinen Spaß. Ich habe Dinge ausprobiert, die mir keinen Spaß machen und – das hätte ich nie geglaubt – tatsächlich habe ich angefangen, Golf zu spielen. Noch bis vor drei Jahren habe ich mich über Golfer lustig gemacht, ich gebe es offen zu. Ich habe das wirklich „Altherrensport" genannt. Worauf ich raus will ist aber, ich habe mir jetzt eine Sportart rausgesucht und es ist tatsächlich Sport, weil unter zweieinhalb bis drei Stunden kommst du auch bei neun Loch nicht weg, zumindest, wenn man noch so schlecht spielt wie ich. Allein Bälle suchen dauert echt eine Zeit. Der Punkt ist, ich muss jetzt drei, vier Stunden irgendwie in meinen Kalender einbauen, die mir aber selber so wichtig sind, dass ich das wirklich mache. Ich habe so drei, vier Leute, mit denen ich Golf spiele. Ich weiß, der eine kann nur mittwochnachmittags und den rufe ich dann an, sage: „Mensch, nächste Woche, wollen wir Mittwochnachmittag?". Und der sagt: „Ja, können wir gerne machen". Und dann steht das im Kalender. Das heißt, es hilft, sich mit jemanden zu verabreden. Sowas sagst du viel schwerer ab, als wenn du selber einfach nur morgens entscheiden kannst, ob du das jetzt einhältst mit dem Fitness-Studio oder nicht. Und so versuche ich mich tatsächlich seit meinem Herzinfarkt in die hoffentlich richtige Richtung selber zu überlisten, damit ich die Balance kriege, die ich dringend brauche, weil ich ja schon, immer die Veranlagung habe, wieder zu viel zu machen.

Ben: Würdest du sagen, dass es außer Prioritäten setzen noch andere Dinge gibt, die ich zum Thema Balance im Blick haben muss?

Martin: Ich habe vorhin mal ganz kurz gesagt, beim permanenten Nachjustieren wie bei einem Seiltänzer muss man aus meiner Sicht auch sehr, sehr stark aufpassen. Jedem Trend hinterherrennen, bringt einen auch permanent aus der Balance. Weil, die Trends wechseln so schnell und es sind bei fast allen Trends irgendwelche kommerziellen Interessen von irgendwem dahinter und wenn ich mich da zu stark hineinziehen lasse ... Nehmen wir mal das Beispiel Mode, wer bestimmt, was Mode ist oder was modisch ist? Ja, da heißt es auf einmal: „die Trendfarbe für den kommenden Sommer ist Dusty Mauve", oder irgendwie so ein Kram. Und dann rennen auf einmal alle in dieser Farbe rum. Und schon muss ich wieder gucken, wo kriege ich das her, passt das dazu, ist das die Trendfarbe, bin ich gerade richtig angezogen? Deswegen gehört für mich zum Thema Balance auch, dass man sich bewusst entscheiden kann, Trends nicht mitzumachen oder Dinge wegzulassen, um einfach da ein bisschen Freiheit zu gewinnen, um mal einfach entspannter zu sein. Ich fahre ein lila Auto. Ich kann mich an kein Jahr, seit ich lebe, erinnern, wo lila die Trendfarbe für Autos war. Und das Ding ist aber so, dass alle Leute sagen: „Okay, der fährt ein lila Auto". Autos sind schwarz, weiß, silber, blau, vielleicht ist mal ein rotes dazwischen, wenn man sich hier umschaut. Und da muss man den Mut haben, auch mal seinen eigenen Wünschen zu folgen, nicht jedem Trend hinterherzurennen und nicht immer das zu machen, was alle machen.

Ben: Das ist aber schwierig. Als Geschäftsführer erhoffen wir uns ja immer, dass irgendeine neue Erkenntnis, die irgendeiner auf den Markt schmeißt, uns dazu führt, unser Problem zu lösen. Und zwar das Problem von nicht in Balance zu sein, nicht konsequent zu sein, keine Prioritäten setzen zu können. Und ganz ehrlich, wir reden hier über Themen, die sind so alt, wie es die Menschheit eigentlich gibt. Weil, Prioritäten setzen, da muss man sich nur die Geschichte von Adam und Eva mit dem Apfel anschauen – wir wissen ja, zu was das geführt hat.

Martin: Absolut richtig, ja. Und wenn du gerade schon den Apfel ins Spiel bringst, das ist zum Beispiel auch bei der ganzen Ernährungsgeschichte genau das Gleiche. Wer sich momentan nicht vegan ernährt, der ist ja völlig außen vor. Mit dem kannst du dich ja in der Öffentlichkeit nicht mehr sehen lassen. Du musst ja heute wirklich nur noch in die Vegan-Restaurants und da das vegane Essen bestellen. Und wenn man so wie ich jetzt aber sagt: „Mensch, aber so ein anständiges 600 Gramm Rib-Eye Steak, da habe ich echt Freude dran", da bist du ja dann Tierquäler, Planetenschänder und sonst was. Und das meine ich damit, jedem Trend hinterherzurennen. Ich verschließe mich Neuem gegenüber nie. Ich gucke mir immer die Dinge an und frage mich: „Ist das was für mich oder ist das nichts für mich?". Aber diese Auswahl, glaube ich, treffen manche Menschen nicht. Wenn es heißt: „Du musst dich jetzt so und so ernähren", dann rennen Leute teilweise wie doof einfach diesem Trend hinterher. Und in eineinhalb Jahren kommt irgendein großer Konzern auf die Idee: „Mensch, jetzt könnten wir ja einen neuen Trend starten". Und die haben auch die Marketing-Power, um so einen Trend zu starten, also machen sie das auch.

Oder ich kann mich noch erinnern, das ist jetzt schon relativ lange Zeit her, da war auf einmal Fasten der große Trend. Jeder sagte: „Das ist was ganz Neues, das ist total genial". Ne, Fasten ist nix Neues. Wenn ich früher in der Steinzeit mein Mammut nicht erlegt habe, musste ich fasten. Da gab es ein paar Beerchen, also nicht Braunbären, sondern Blau- oder Heidelbeeren zum Abendessen und fertig aus. Also Fasten ist nichts Neues. Das ist genau das, was du auch sagst. Ich glaube, da reflektierter ranzugehen und nicht jedem Trend hinterherzurennen, ist hier wichtig. Ich habe es zum Beispiel beim Thema Mode: Als ich noch Anzüge getragen habe, musste die Hose mal enger geschnitten sein, mal weiter geschnitten sein. Ich habe mir grundsätzlich die Anzüge gekauft, wo die Hose so aussah, dass ich gesagt habe: „Ich finde das so gut". Ob die jetzt gerade modisch war und am Knöchel etwas enger saß oder nicht modisch war, war mir tatsächlich wurscht. Und das entspannt. Warum hat Steve Jobs 300 gleiche Pullover im Schrank gehabt? Weil er keinem Trend hinterhergerannt ist, sondern einfach gesagt hat: „Das ist der Pullover, für den habe ich mich entschieden und ich muss morgens nie wieder drüber nachdenken, was ziehe ich an".

Ben: Interessanterweise hat er Prioritäten gesetzt. Und war konsequent.

Martin: Absolut, genau. Und das zieht sich wie ein roter Faden durch. Wenn ich eine Balance in mein Leben kriegen will, muss ich konsequent

sein, muss Prioritäten setzen, muss mich an meine eigenen – ich nenne es immer für mich – Regeln halten. Ich spreche auch manchmal davon, dass ich mich selber austricksen muss an manchen Stellen, weil ich ja sonst wieder irgendwie in die falsche Richtung galoppieren würde. Ich habe von meinem freien Tag nach einer Reise erzählt, der steht natürlich nicht als frei in meinem Kalender, sondern ich schreibe mir da was rein. Und es ist schon vorgekommen, wenn ich aus einem längeren Urlaub – den ich mir ja inzwischen, Gott sei Dank, gönne – gekommen bin, habe ich erst überlegen müssen, was das für ein Termin ist, den ich da habe. Bis ich dann verstanden hab: „Hey, ich habe gar keinen Termin, das ist mein freier Tag".
Ben: Weißt du, was mir gerade auffällt?

Martin: Sag mal.

Ben: Seit einem Jahr bescheiße ich mich selber. Weißt du, warum?

Martin: Ne.

Ben: Ich habe das gemacht, wie du gesagt hast. Ich habe mir immer montags in meinen Kalender reingeschrieben, von morgens um acht bis abends um 18 Uhr „Ben geblockt". Das steht komplett da drin. Und zwar auch so, dass meine Mitarbeiter, die für mich auch Termine vergeben, das sehen. Aber seit ich diesen Montag gesaved habe, ist es seit über einem Jahr nur eine handvollmal vorgekommen, dass ich diesen Tag nicht für etwas anderes verplant hätte.

Martin: Das ist total witzig! Als meine Frau ihre erste Führungsposition bekommen hat, saß sie noch in einem Großraumbüro bei ihrem Team. Und es war dann so, dass sie nicht mehr zum Arbeiten kam, weil ständig einer an ihrem Schreibtisch stand und gesagt hat, „ich brauche dies, ich brauche jenes, ich brauche welches". Und dann hat meine Frau original so einen kleinen Aufsteller von mir, wo ich immer Namen der Teilnehmer drauf schreiben lasse, den man vor sich stellen kann, mitgenommen und hat da drauf geschrieben: „Heute keine Sprechstunde". Den hat sie vor sich auf den Schreibtisch gestellt. Und tatsächlich sind Mitarbeiter hingekommen, haben meine Frau konzentriert arbeiten gesehen, lasen das Schild, drehten um und gingen wieder. Du musst das kommunizieren. Das ist auch noch ein wichtiger Faktor. Also wenn du für dich irgendwelche Sachen regeln willst, durchziehen willst, sonst irgendwas, das musst du kommunizieren. Und das machst du ja, weil deine Mitarbeiter in deinem Kalender sehen „Ben geblockt" fertig aus.

Ben: Nur, wenn ich es nicht konsequent durchziehe, dann bringt auch das Ganze, in-den-Kalender-schreiben nichts. Und da merke ich gerade wieder bei mir, da habe ich mich eigentlich schön selber beschissen seit einem Jahr. Und darüber muss ich mir dringend Gedanken machen, weil ich gerade merke, das ist völlig inkonsequent. Denn die Mitarbeiter sprechen mich teilweise drauf an: „Da steht Ben geblockt, aber können wir da trotzdem ...?". Und ich gehe dann hin und sage: „Ja komm, mach rein". Scheiße.

Martin: So und jetzt sind wir aber schon wieder beim Business-Thema. Mach das für dich privat, wenn wir von Balance sprechen. Dann steht da eben nicht, Ben geblockt, dann steht da ...

Ben: Ben privat.

Martin: ... Ben privat. Und dann weißt du aber bitte, das ist – was weiß ich – meine zwei Stunden Fitness-Studio oder whatever. Das ist es eigentlich. Wenn wir bei deinem schönen Beispiel sind, dass man immer den gleichen Weg durch den Schnee Richtung Imbiss läuft, dann ist jetzt der Moment, wo wir mal durch den frischen Schnee stapfen müssen, was vielleicht sogar ein bisschen anstrengend ist, aber das müssen wir dann ein paar Mal machen, bis der Weg sich wirklich festgesetzt hat im Kopf. Deswegen habe ich gesagt, dass wir die Dinge, die wir im Business bereits beherrschen, auch im Privaten so einsetzen müssen, sonst kriegen wir das nicht richtig in den Griff.

Ben: Jetzt, wo du das mit dem Schnee sagst: Ich habe mal gehört – das fand ich eine ganz spannende Sache – dass du mindestens über 70 Mal etwas wiederholen musst, damit etwas die Möglichkeit hat, zur Gewohnheit zu werden. Wenn du eine Entscheidung triffst und diese Entscheidung nicht konsequent umsetzt, also nicht in mindestens 72 Stunden einmal umsetzt, ist es weg. Das heißt, setze deine Entscheidung in den ersten 72 Stunden danach das erste Mal um und wiederhole es mindestens 70 Mal – dann wird es zur Gewohnheit.

Martin: Ich überlege gerade, es gibt eine Vergessenskurve, die hat mal ein Forscher erstellt und da kommt das mit diesen 72 Stunden auch vor. Selbst nach 24 Stunden ist nur noch ein geringer Teil dessen da, was du im Kopf hattest und wo du eigentlich gesagt hast: „Ja, kenne ich, nehme ich mir vor, will ich machen". Da reichen schon 24 Stunden, dass ein Großteil davon fehlt und nach 72 Stunden ist nahezu alles weg. Wenn jetzt eine Erkenntnis reift oder wenn ich mich sogar anmelde irgendwo, dann muss ich direkt beginnen, das zu ritualisieren. Vor allem – und jetzt sind wir wieder bei der Frage, wie wichtig bist du dir selbst – du musst dir selber wichtig genug sein, um das durchzuhalten. Und es kann ja sein, dass du nach zwei, drei Monaten merkst: „Also ich würde es zwar durchziehen, aber dieses komische Sport-machen im Fitness-Studio macht mir keinen Spaß". So ging es mir ja. Ich bin da – weiß ich nicht – 15-, 16-, 17-mal hingerannt und dachte mir dann irgendwann, also Spaß ist anders. Hier dasitzen und die Arme hin und her und hm, das war einfach nichts für mich. Beim Thema Golf ist das anders. Ich brauche da mehr Zeit als im Fitness-Studio, aber das macht mir Spaß. Und da kannst du umswitchen. Es ist ja nicht in Stein gemeißelt, dass du auf Biegen und Brechen immer in ein Fitness-Studio musst, wenn es dir keinen Spaß macht.

Ben: Also nochmal zusammengefasst heißt das, renn nicht allen Trends nach, weil, kein Trend löst eigentlich dein Problem. Work-Life-Balance ist totaler Blödsinn, weil, wenn wir über Balance sprechen, reden wir über Lebens-Balance. Und nicht die Trennung zwischen Privat und Beruf. Wenn ich in Lebens-Balance kommen möchte, muss ich meine unterschiedlichsten Rollen im Leben miteinander ausbalancieren. Und dazu brauche ich Rituale, Prioritäten. Kontinuität. Entscheide, tu es in den ersten 72 Stunden. Und wiederhole mindestens 70 Mal deine Entscheidung, damit sie zur Gewohnheit wird.

Martin: Ich mache gerne meine Unterschrift unter alles, was du gesagt hast, möchte aber eines noch ergänzen: Du musst selber die Verantwortung dafür übernehmen. Du musst sowieso immer für dein Handeln, dein Tun und dein Leben die Verantwortung übernehmen. Aber das ist genau das, was hier jetzt auch nochmal zum Tragen kommt, weil du dich selber managen musst, das kannst du nicht delegieren. Die Verantwortung für dein Tun und Handeln oder nicht Tun und nicht Handeln zu übernehmen, ist ein ganz, ganz entscheidender Schritt an der Stelle. Ich habe ein Lieblingsbeispiel zum Thema Selbstverantwortung: Ich weiß noch ganz genau, ich bin mal mittwochs losgefahren auf Trainings-Tour und habe meiner Assistentin gesagt: „Du, Morgen wird die Papiertonne geleert, stell die bitte raus". Ich bin die Woche drauf zurückgekommen, die Papiertonne war voll. Da habe ich natürlich gefragt: „Habt ihr so viel Papier produziert, dass die Tonne jetzt innerhalb von einer Woche schon wieder voll ist?". „Ne, die habe ich nicht rausgestellt", war die Antwort, die ich von meiner Assistentin bekommen habe. Und da sage ich: „Ja, warum denn nicht, das habe ich dir doch extra noch gesagt?". Dann sagt sie: „Ja, daran ist die doofe Nachbarin schuld". „Wieso ist denn die doofe Nachbarin daran schuld, dass du die Papiertonne nicht rausgestellt hast?". „Ja, die hat ihre auch nicht rausgestellt und dann habe ich nicht dran gedacht". Cool, oder? Ich habe was vergessen und die Nachbarin ist schuld. Dieses Verantwortung-abgeben trifft auch zu auf: „Ja, ich konnte heute nicht ins Fitness-Studio, weil, gestern hat mich ein Mitarbeiter gefragt, der hat ein ganz dringendes Projekt auf der Platte, das musste heute um zehn in den Druck gehen". Da kann ich ja nichts dafür, das war ja der Mitarbeiter, der brauchte mich. Es ist also auch nochmal ein ganz, ganz wichtiger Punkt, dass du einfach Verantwortung für dein Leben übernimmst, auch im privaten Bereich. Wir meinen ja alle immer, wenn das Business läuft, wenn das Einkommen da ist, dann haben wir genug Verantwortung übernommen. Aber ne, Pfeifendeckel, im privaten Bereich musst du das auch machen.

Ben: Ich glaube auch, dass Selbstmanagement nicht nur im Business-Kontext eine Relevanz hat. Für uns ist das im Business-Kontext gepaart mit den Themen Selbstmanagement und Selbstverantwortung. Aber eigentlich ist das Thema Selbstmanagement auch im Privatbereich für uns super wichtig. Gerade für die, die viel Verantwortung haben. Gerade die, die Familie haben und die das alles unter einen Hut kriegen müssen. Und ich glaube, die müssen mit dem Thema Selbstmanagement, Selbstverantwortung und konsequentes Handeln, ganz, ganz, ganz penetrant und vor allen Dingen auch sehr verantwortungsvoll und konsequent mit sich selber umgehen. Da gebe ich dir vollkommen recht. An der Stelle gehen wir – und da schließe ich mich mit ein – ganz oft sowohl in der Vergangenheit, wie aber auch immer wieder in der Gegenwart und wahrscheinlich auch in der Zukunft, nicht verantwortungsvoll mit uns um.

Martin: Richtig, absolut. Ich kann jetzt nur den Bogen spannen zu der Woche, die wir hier in Amerika verbringen, um dieses Buch zu produzieren und auch die Dokumentation darüber: Wir haben einen Plan. Wir wissen, wann wir wohin wollen. Wir wissen, was am Ende erledigt sein muss. Da kriegen wir das hin. Also da funktioniert es. Und das sollte uns die Zuversicht oder eben auch den Mut geben, dass es auch im Privaten gehen kann oder gehen muss.

Ben: In Kombination mit Beruf.

Martin: Natürlich, ganz klar, damit man das entsprechend ausnivellieren kann. Und deswegen gibt es – jetzt sind wir wieder bei dem Thema Ausreden – keine Ausrede, das nicht zu machen. Weil, jeder kann das. Jeder beweist sich selber jeden Tag, dass er alles kann, was nötig wäre, um sein Leben in die richtige Balance zu bringen. Nur, die Prioritäten sind nicht immer in Balance gesetzt. Wenn man an unsere beiden Storys denkt – egal ob das jetzt bei mir die medizinische Geschichte mit dem Herzinfarkt war oder bei dir der Autounfall oder deine Fehlinvestition ist – nach solchen Ereignissen wechselt man häufig seine Prioritäten. Das heißt, wenn man die Verantwortung für sich übernimmt und sich selbst ernst nimmt, braucht man hoffentlich solche Ereignisse nicht.

Ben: Die Einladung an die Lesenden ist also: Werde Macher und Held deiner eigenen Lebens-Balance.

SELBSTTEST: KAPITEL 6

WORK-LIFE-BLABLA

Wichtig + Dringlich: Wie setze ich meine Prioritäten?

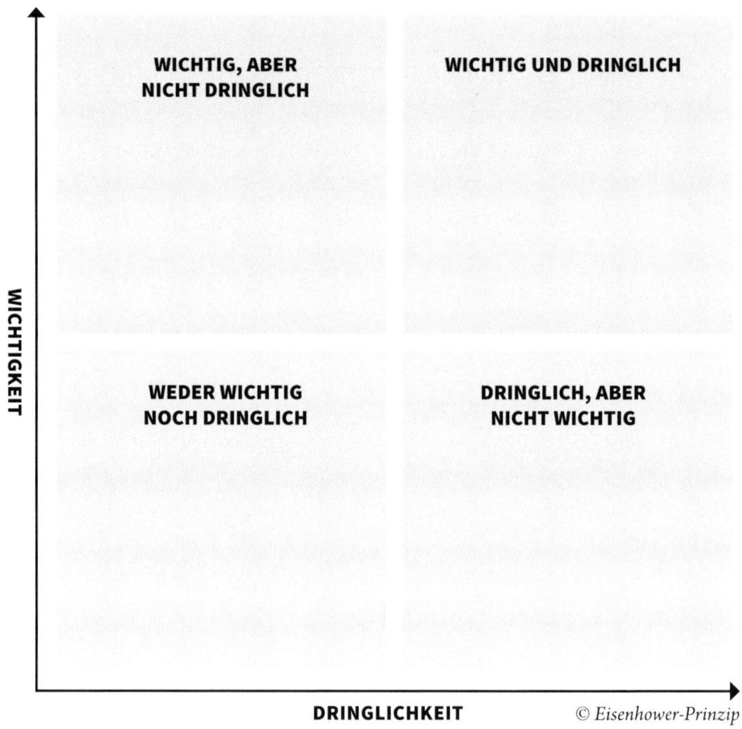

© Eisenhower-Prinzip

Die Grundidee des Eisenhower-Prinzips ist eine gezielte Kategorisierung von Aufgaben. Durch die Einteilung in vier Kategorien soll es einfacher werden zu entscheiden, womit man sich als nächstes beschäftigt.

Die Einteilung erfolgt anhand von zwei Parametern: Wichtigkeit – eine Aufgabe gilt dann als wichtig, wenn sie der Zielerreichung dient. Eine Aufgabe, die dich dagegen keinem deiner aktuellen Ziele näherbringt, gilt als unwichtig. Und Dringlichkeit – eine Aufgabe ist dringlich, wenn sie an einem bestimmten Termin in der nahen Zukunft ihren Sinn verliert. Wenn es egal ist, wann du die Aufgabe erledigst, ist die Aufgabe nicht dringlich. Anhand dieser Parameter, kann man Aufgaben in vier Quadranten einteilen:

1. **Wichtig und dringlich:** Diese Aufgaben sind von höchstem Wert, was das Erreichen von Zielen angeht. Du solltest sie daher sofort selbst erledigen. Nur so kannst du dir sicher sein, dass die Aufgaben auch wirklich erledigt werden.
2. **Wichtig, aber nicht dringlich:** Da auch diese Aufgaben für die Zielerreichung wichtig sind, kümmerst du dich selbst darum. Die Erledigung ist allerdings nicht an einem bestimmten Zeitrahmen in der näheren Zukunft gebunden. Es genügt, wenn du dir einen genauen Zeitpunkt für das Erledigen setzt.
3. **Dringlich, aber nicht wichtig:** Aufgaben in diesem Quadranten sollen zeitnah erledigt werden. Es ist nicht erforderlich, dass du dich selbst darum kümmerst. Eisenhower empfiehlt daher, diese Aufgaben zu delegieren.
4. **Weder wichtig noch dringlich:** Aufgaben, die dich deinen Zielen nicht näherbringen und bei denen es obendrein egal ist, wann sie erledigt werden, haben den geringsten Wert. Zwar drängen diese Aufgaben nicht, jedoch sollten sie auch nicht in Vergessenheit geraten. Ab einem bestimmten Zeitpunkt rutschen sie nämlich in einen der anderen drei Bereiche.

Besorge eine Pinnwand oder ein Whiteboard und teile den freien Bereich in diese vier Quadranten auf. Schreibe deine Aufgaben auf Post-its und klebe diese in das entsprechende Feld. Achte dabei darauf, dass nicht alles automatisch nach oben rechts wandert – bleibe realistisch. Jede erledigte Aufgabe wandert in den Papiermüll. Zwischenzeitlich werden vielleicht wieder neue To-dos dazukommen, ordne auch diese ein. Plane am Ende eines Tages deine unbedingt zu erledigenden Aufgaben für den nächsten Tag. So kannst du entspannt in den Feierabend gehen und sicher sein, für morgen alles auf dem Radar zu haben.

Ordne deine aktuellen To-dos in diese Matrix ein – was fällt dir auf? Wie fühlt sich das an, die Aufgaben so verteilen zu können?

63 CAMP
DAVID
SURF
TEAM
SAINT GIRONS PLAGE
GRAB YOUR
ATLANTIC

KAPITEL 7

HALTUNGS-VERANT-WORTUNG

NÄCHSTE RUNDE!

Nach unserem Halt am Lake Mead kommen wir nach Las Vegas zurück und wollen es uns nochmal genauer ansehen, bei Tag. Es ist, als seien wir in einer anderen Stadt gelandet. Wo nachts Rummel und Trubel ist, Lichter blinken und der absolute Ausnahmezustand herrscht, ist es tagsüber irgendwie trostlos. Wir sind in Vegas gestartet und wieder hierher zurückgekommen. Auf dem Weg sind wir in der Wüste gelandet, haben die Krater unseres Lebens im Grand Canyon gespiegelt bekommen. In Sedona haben wir erlebt, wie man das Leben ganz anders leben kann – und jetzt stehen wir nach unserem Transformationsprozess wieder an derselben Stelle und im selben Setting – aber es hat sich so vieles verändert.

Vieles, was wir wahrgenommen haben, hätten wir nicht wahrnehmen können, wenn wir unter Volldampf unterwegs gewesen wären. Deshalb sind wir auch jetzt in der Lage, uns tagsüber am Strip unter eine Palme zu setzen und zu wissen: Wir können immer wieder nach Las Vegas zurück. Wir können wieder das Gefühl, unbesiegbar zu sein, zurückbekommen – die Frage ist nur: Wollen wir das? Nicht bei jedem ändert ein Crash die eigene Haltung und viele laufen nach ihrer Wüstenerfahrung in das nächste Las Vegas, weil sie vermeintlich nichts gelernt haben. Doch das Leben wird sich dann nur einen noch größeren Hammer aussuchen, um die Message unmissverständlich klar zu machen. Hier muss eine Veränderung in einem stattfinden. Wenn man nach dem Crash das gleiche wieder macht, dann ist die Lernkurve eine flache Gerade. Es ist also essenziell, dass man sich verändert.

Martin hat für sich im übertragenen Sinne beschlossen, Las Vegas nicht mehr bei Nacht zu betreten, indem er aufgehört hat, Verkaufstrainings zu geben. Er hat für sich entschieden, dass er das so nicht mehr will und ihm reicht zu wissen, dass er könnte, wenn er wollte. Ben dagegen hat immer noch Berührungspunkte mit Las Vegas bei Nacht. Wir beide haben jeder für sich einen Weg gefunden, der doch sehr unterschiedlich ist. Natürlich können wir immer wieder in unserem persönlichen Las Vegas unterwegs sein, aber es macht Sinn, mal andere Perspektiven und Sichtweisen auszuloten. Deswegen haben wir bewusst bei Tag und zu Fuß die eigentliche Hauptstraße verlassen und die Seitenstraßen erkundet. Haben geguckt, wo finden wir das, was uns jetzt wichtig ist. Wir schauen also genauer hin und lassen die Reise Revue passieren.

Ben: Nach einem Transformationsprozess, in dem man in der Wüste war, aufgrund von Ereignissen, die man selbst nicht planen und schon gar nicht beeinflussen konnte, ist man nicht mehr derselbe, der man vorher war.

Martin: Definitiv nicht, nein.

Ben: Ich sage immer, wir Menschen haben eigentlich ein riesen Dilemma. Wir sind ja meistens erst lern- und veränderungsbereit, wenn wir bis zum Hals in der Scheiße stecken.

Martin: Ja, es gibt viele, die auch sagen: „Man verändert sich nur durch Schmerz".

Ben: Das ist verrückt! Wenn es uns gut geht, gibt es ja keinen Grund, Dinge zu verändern. Es ist ja alles perfekt so, wie es läuft. Und auch von außen gibt es keinen Druck. Es ist also ein ganz wichtiger Punkt zu wissen, dass wir am meisten lernen, wenn wir in Situationen sind, die einer Wanderung durchs Tal gleichen, statt einem Höhenflug. Ich glaube, wir Menschen haben massiv Schiss vor Veränderungen, oder?

Martin: Definitiv, ja. Metaphorisch gesehen haben wir im Las Vegas Glitzer-Bling-Bling-Teil angefangen mit der Geschichte, die wir hier in unserem Buch erzählen, aber erst durch den Weg, den wir jetzt gegangen sind, konnten wir uns verändern. Das Leben schickt dich in die Wüste, das Leben nimmt dich immer mit auf irgendeine Straße, stellt dich vor große Gräben als Herausforderung, aber du kannst wieder zurückkommen und dieser Glitzerteil ist immer noch da. Die Frage ist aber, wie du damit umgehst. Und das ist das, wo die Veränderung stattfindet und stattfinden muss in dir. Veränderung ist tatsächlich wichtig und permanent.

Ben: Die Frage ist, was habe ich für eine Grundhaltung, wenn es um das Thema Veränderung, Wachsen, Weiterentwicklung geht? Ich habe auch manchmal den Eindruck, je nachdem, mit wem man redet und mit wem man zu tun hat, dass diese Einstellung und Haltung überhaupt nicht da ist. Wir reden ja so auf neudeutsch von Mindset. Man kann sein Mindset verändern und so weiter. Wir reden hier von Einstellung und Haltung. Und ich sage mal, gerade das Wort Haltung ist ein großes Wort.

Martin: Ja, absolut, genau. Du hast es ja gerade auch schon angesprochen, wenn alles gut ist, wenn es mir gut geht, wenn es all denen, die mir wichtig sind, gut geht, dann bedeutet Veränderung ja auch, dass das schlechter werden kann. Also sprich, dass eine Art Gefahr in der Veränderung liegt. Daher kommt die Vorsicht vieler Menschen davor, Veränderungen wirklich anzupacken und sich auf die Straße zu begeben, solange keine Initialzündung kommt oder das Leben dir dazwischenfunkt. Dann ist die Angst größer als der Wille oder der Wunsch der Veränderung. Und heutzutage ändert sich das Leben jeden Tag. Die Welt hat sich sowas von massiv verändert, wir brauchen bloß mal zehn Jahre zurückzuschauen. Vor zehn Jahren war das noch einigermaßen was Besonderes, wenn du ein Telefon unterwegs dabeihattest. Heute haben wir Internet, E-Mails, Social Media, alles in der Hosentasche mit dabei. Das ist auch eine große Veränderung, die Einfluss auf unser Leben hat. Und es gibt Leute, die sich dem immer noch verweigern und es gibt Leute, die da total happy sind. Da muss man für sich den richtigen Weg finden, und das kann man natürlich auch für das Leben an sich nehmen. Das Leben oder dein Leben verändert sich immer wieder und die Frage ist, wie gehst du damit um? Für was bist du offen, für was bist du nicht offen? Was macht dir Angst, was macht dir keine Angst? Aber ich glaube, man kann nur ganz schwer das Leben völlig eintönig und gleichmäßig leben.

Ben: Mein Freund Edgar Geffroy hat immer gesagt: „Wenn Sie zehn Leute fragen, ob sie Angst vor Veränderungen haben, wie viele würden sich melden? Wenn Sie zehn Leute fragen, ob sie Angst vor Veränderungen haben, melden sich elf". Wenn es um das Thema Veränderung geht – auch Lebensveränderung, ich verändere mich, ich muss mich weiterentwickeln – muss das Leben uns eigentlich dazu zwingen, über Veränderungen nachzudenken und Kurswechsel vorzunehmen. Wir beide haben einige Situationen gehabt, wo uns das Leben von außen dazu gezwungen hat, über Kurswechsel nachzudenken. Gerade die Story mit deinem Herzinfarkt, wie hat sich denn das für dich angefühlt, als du auf einmal damit konfrontiert worden bist, dass der Arzt oder die Leute von außen gesagt haben: „So Martin, Kurswechsel ist angesagt"?

Martin: Die erste Reaktion war ganz klassisch die Verleugnung. Ich weiß noch ganz genau, ich lag im Krankenhaus und habe mir gedacht: „Okay, wenn ich jetzt hier raus bin, mache ich vielleicht noch eine Reha, aber dann geht das wieder". Ich habe zwei Stents gesetzt bekommen, also Blut floss wieder. Warum nicht einfach weitermachen wie vorher? Und diese Verleugnung, dieses „bloß nicht diese Veränderung gleich mal an mich heranlassen" – ich glaube, das ist auch ein relativ natürlicher Prozess. In dem Kapitel, wo ich von meinem Herzinfarkt erzählt habe, habe ich schon gesagt, die richtige Veränderung kam tatsächlich erst ein Jahr später, als ich da in Hamburg in dem Hotelzimmer lag und nochmal so Brustschmerzen bekommen habe. Und erst da hat es so richtig klick gemacht. Bis dahin würde ich das tatsächlich so ein bisschen als Verleugnungsphase beschreiben, die in vielen Change-Prozessen tatsächlich auch die erste Phase ist. So nach dem Motto, lieber mal stillhalten und abwarten, vielleicht geht es ja vorbei. Und wenn du dann auch keine großen Einschränkungen hast oder nicht merkst, dass irgendwas großartig anders ist, dann unterstützt das ja auch das Gefühl „vielleicht geht es ja wieder vorbei". Und trotz allem ist es aber wichtig, dass man irgendwann an den Punkt kommt, wo die Erkenntnis dann da ist, sodass man sagt: „Nee, es ist eigentlich völlig bescheuert, so weiterzumachen wie bisher".

Nochmal jetzt auch auf Las Vegas gemünzt, natürlich könnte man wieder hier auf die Erfolgsstraße gehen und sagen: „Attacke, olé, olé, wir tauchen wieder voll ein in die Glitzerwelt". Man kann sich aber, so wie wir das jetzt auch gemacht haben, in Las Vegas mitten in der Stadt unter eine Palme setzen und so ein bisschen reflektierter mit allem umgehen, was hier los ist. Und dazu ist sehr, sehr wichtig – und das war der Prozess, der bei mir einfach lange gedauert hat – dass du bei dir selber ankommst. Dass du wirklich weißt, okay, ich brauche diese Fassaden, dieses Glitzern, dieses Bling-Bling alles nicht. Ich könnte aber, wenn ich wollte. Das ist etwas, was für mich immer sehr, sehr wichtig ist, zu erkennen und zu wissen: Ich kann, wenn ich will, aber ich brauche es nicht mehr, um mir selber zu genügen in irgendeiner Form. Du hast es Mindset genannt ... das ist das Mindset, was mir tatsächlich sehr stark hilft. Zu können, wenn ich wollte, ich muss aber nicht. Wenn du ein starkes Auto hast, wo viel PS unter der Haube sind und du fährst da entspannt mit deinen 75 Meilen hier über den Highway, dann weißt du: „Ich könnte, wenn ich wollte". Und mal abgesehen davon, ob man das darf oder nicht, ich finde das entspannend. Ich cruise sehr gern die 65, 75 Meilen, die man hier cruisen darf, mit über 400 PS – was unser Mietwagen hier, glaube ich, hatte – entspannt dahin, weil ich weiß, ich kann, wenn ich will, aber ich muss nicht. Das ist so ein bisschen das, wo ich dann sage: Da ist man in sich angekommen. Da weiß man auch ganz genau, was man kann, was man nicht kann, ist sich seiner Stärken und Schwächen auch ein Stück weit bewusst. Dann kann man sich ein bisschen unabhängig machen von diesen ganzen äußeren Einflüssen und vermeintlichen Dingen, die man so haben sollte, machen sollte, müssen muss.

Ben: Du hast gerade gesagt, „angekommen sein". Mir fällt da gerade spontan zu ein: Anselm Grün hat viele Bücher über das Thema Werte geschrieben. Das ist in Deutschland ein sehr bekannter Mönch. Und er hat mal einen Satz gesagt, der mich sehr geprägt hat – auch in meiner Ausbildungszeit: „Vom Sein ins Tun". Spannend ist, wenn man mal drüber nachdenkt, was er damit meint. Wenn ich an unsere Reise denke, heißt vom Sein ins Tun: Ich komme bei mir an und agiere aus einem inneren Kern ins Außen. Was ich bei anderen oft sehe ist, die sind immer im Außen. Also was passiert im Außen? Wie sind die Erwartungen im Außen? Was sind die Anforderungen im Außen? Was muss im Außen präsentiert werden, damit ...? Und dann wird der Abgleich von außen nach innen gemacht. Aber dann kriege ich überhaupt nicht mehr mit, wie sehr ich mich in die Abhängigkeit von äußeren Faktoren und Einflüssen begebe. Vom Sein ins Tun heißt, ich bin bei mir, also beim Thema Identität. Ich weiß, wer ich bin, ich kenne meine Einstellung, ich kenne meine Haltung, ich kenne meine Überzeugungen, die mich dazu bringen, dass ich ins Handeln komme. Es gibt viele Führungspersonen, die persönliche Coachings haben, wo ganz oft dann auch kommt: „Vom Sein ins Tun bedeutet, im Denken, Fühlen und Handeln". Mir ist es zumindest damals so gegangen, dass ich den Blick dafür total verloren hatte, ich war nur noch im Handeln.

Martin: Ja, richtig, absolut. Was für mich da auch eine große Rolle spielt, ist, dass ich eben durch meine Geschichte erlebt oder gemerkt habe, wie viele Dinge ich für selbstverständlich in meinem Leben gehalten habe, die aber in Wahrheit alles andere als selbstverständlich sind. Ich bin zum Beispiel durch mein Erleben mit dem Herzinfarkt an vielen Stellen sehr viel dankbarer geworden. Dinge, die für mich einfach normal oder selbstverständlich waren, habe ich auf einmal in einem anderen Licht gesehen, dadurch, dass sich immer in mir etwas verändert hat. Ich war davor viel im Außen unterwegs und auf einmal habe ich in mir gemerkt, dass es eben nicht selbstverständlich ist, dass zum Beispiel eine Ehe so lange hält, wie meine. Oder es ist auch nicht selbstverständlich, dass man jeden Tag einfach aus dem Bett aufstehen kann, loslaufen kann und das tun kann, was man tun möchte. Viele, viele Dinge, die ich zuvor als sehr selbstverständlich erachtet habe, sind es einfach nicht. Und wenn es mal anders ist, merkst du auf einmal: „Huch, das ist jetzt irgendwie nicht so, wie ich es gewohnt bin". Das ist auch heute noch so ein Thema, wo ich versuche, immer wieder dran zu denken. Und ich sage deshalb „versuche", weil es einfach schwierig ist, aufrecht zu erhalten, dankbar zu sein.

Ben: Ist ja auch eine Haltungsfrage, oder? Also wie ich mit dem Thema Dankbarkeit umgehe. Habe ich die Haltung der Dankbarkeit oder mache ich mir da überhaupt gar keine Gedanken mehr drum, weil es einfach in die Selbstverständlichkeit gerutscht ist.

Martin: Richtig, ja. Allein so etwas wie dieses Projekt hier machen zu dürfen, einfach in den Flieger steigen zu können, nach Amerika zu fliegen, hier einen tollen Road-Trip zu machen, der natürlich einen Business-Hintergrund hat, wo wir auch viel gearbeitet haben, aber einfach dankbar zu sein dafür. Wir sitzen jetzt hier irgendwie bei 35° und so langsam brennt uns die Sonne auch so ein bisschen auf den Pelz, aber trotz allem ist das wirklich traumhaft schön. Und wir haben hier auch eine super Zeit gehabt neben allem, was wir geschäftlich erledigt haben und was wir hier produziert haben. Wirklich einfach mal eine Minute innezuhalten und dankbar dafür zu sein, sowas erleben zu dürfen. Ich weiß nicht, wie es dir geht, aber ich kannte zum Beispiel Las Vegas immer nur aus dem Fernsehen und jetzt sind wir sogar zweimal nachts den Strip rauf und runtergefahren. Dieses unwirkliche Gefühl zu erleben, tatsächlich an diesem Ort zu sein, den man nur aus Filmen kennt. Das zu verstehen und dafür dankbar zu sein, ist eine innere Haltung und die versuche ich sehr aktiv zu leben seit meinem Herzinfarkt.

Ben: Ich habe eine sehr coole Story gehört von einer Familie, die sich jeden Abend mit den zwei Kindern hinsetzt und folgende Frage stellt: „Was war heute gut?“. Am Anfang als ich das gehört habe, habe ich das ein bisschen belächelt und gedacht: „Macht man mit Kindern so“. Aber dann habe ich mir die Frage gestellt, was passiert, wenn ich mich jetzt jeden Abend hinsetze und kurz reflektiere, indem ich mir genau diese Frage stelle. Was lief wirklich gut? Wo hatte ich ein Hoch und für was bin ich heute dankbar?

Wir sprachen ja auch über das Thema Rituale – ich glaube, wenn wir das ritualisieren würden und es zu einer Gewohnheit wird, über diese Frage nachzudenken, dass wir dadurch anfangen, Einstellungen und Haltungen zu verändern. Nur durch diese Kleinigkeit. Aber das konsequent durchzuziehen und zu machen, ist wieder eine große Herausforderung. Gerade für uns, die wir doch ja alle sehr, sehr beschäftigt sind im Alltag.

Martin: Ich finde das ist ein sehr guter Tipp, jeden Abend mal zu reflektieren. Bevor ich das erste Mal in Amerika war, habe ich viel davon gehört, dass es hier so eine aufgesetzte Freundlichkeit gibt. Ich muss aber ehrlicherweise sagen – ich weiß nicht, wie es dir dabei gegangen ist – ich erlebe hier ganz, ganz viele Menschen, die eben nicht aufgesetzt freundlich sind, sondern die einfach einen wertschätzenden Umgang miteinander haben. Ich mag es, wenn zum Beispiel der Kellner in einem Restaurant an unseren Tisch kommt und sich vorstellt. Das ist die Wertschätzung dem Gast gegenüber, sich persönlich für ihn verantwortlich zu zeigen. Das finde ich super. Und das ist auch etwas, was ich stärker versuche zu leben, nämlich dass ich einfach sehr wertschätzend im Umgang mit anderen bin und natürlich auch hoffe, dass mit mir wertschätzend umgegangen wird. Das ist auch ein Mindset-Thema: Wie bist du gepolt, wie bist du programmiert im Umgang mit anderen Menschen?

Ben: Das ist natürlich eine große Frage danach, wie sensibilisiert ich dafür bin. Und was müsste ich eigentlich tun, um eine Sensibilisierung zu bekommen für dieses Thema Wertschätzung? Hast du da einen Tipp?

Martin: Also ich glaube, wenn wir jetzt mal in Deutschland schauen, wo wir ja beide gerne leben, da haben wir schon so einen Hang dazu, viele Dinge herunter zu reden, lächerlich zu machen oder sonst irgendwas. Also immer, wenn etwas anders ist, als wir das gewohnt sind, immer, wenn was ungewohnt ist, neigen wir sehr stark dazu, das irgendwie zu negativeren oder uns darüber lustig zu machen. Ich stelle mir jetzt einfach die Situation vor von dem Beispiel, das ich gerade beschrieben habe. Du gehst in Deutschland als Kellner an einen Tisch und sagst: „Schönen guten Abend. Mein Name ist Martin und ich bin heute Abend hier, um Euch glücklich zu machen". In diesem Moment wäre vielleicht noch Ruhe, aber sobald sich Martin entfernt, würden sich die Menschen am Tisch darüber lustig machen.

Und das ist Haltung. Ich weiß nicht, ob man es schafft, die zu verändern. Denn eigentlich ist es gut, wenn ich nicht „hey, du da" sagen muss, sondern den Menschen mit Namen ansprechen kann. Das habe ich auch versucht, in meinen Verkaufstrainings rüberzubringen. Vielleicht nicht einfach nur „guten Morgen" zum Kunden zu sagen, sondern vielleicht auch mal „herzlich willkommen". Einen Gast, den heiße ich willkommen und einen Kunden? Da sage ich halt: „Hallo". Das ist genauso ein Haltungspunkt. Wenn wir also lernen, dass es nicht lächerlich ist, wenn wir anständig miteinander umgehen und dass es auch nichts Negatives ist, wenn jemand seinen Job mit Herzblut und mit viel Elan und Engagement macht, dann wäre schon viel gewonnen. Aber wir Deutschen neigen dazu, alles in die negative Ecke zu rücken, aber da kann eben auch keine Wertschätzung entstehen.

Ben: Wertschätzung, das steckt ja schon im Wort, ist ein Wert. Und das Spannende ist, was wir aus der psychologischen Ecke wissen ist, dass jeder von uns ein anderes Wertesystem hat. Das liegt an unserer unterschiedlichen Prägung und Sozialisierung. Es hat mit unserer Familie zu tun und der vorherrschenden Weltanschauung. Was ich ganz entscheidend finde, ist, auch gerade beim Thema Mindset, sein Wertesystem zu kennen. Sich zumindest mal damit auseinanderzusetzen und ein Gefühl dafür zu haben, nach welchen Werten man agiert. Die Psychologie sagt, dass unser Wertesystem zu 95% unser Denken, Fühlen und Handeln jeden Tag kontrolliert. Es lohnt sich also, die Frage zu stellen: „Nach welchen Werten möchte ich eigentlich agieren und leben?". Oder die Frage: „Welche

Werte sind mir eigentlich überhaupt mitgegeben worden?". Ich stelle ganz oft, wenn ich in der Beratung mit Menschen bin, drei Fragen: „Welche Werte sind dir wichtig im Umgang mit Menschen?". „Welche Werte sind dir wichtig, wenn du mit Menschen kommunizierst?". „Welche Werte sind dir wichtig im Umgang mit dir selber?". Dadurch wird klar, ob ich nur agiere oder auch den Grund kenne, für was ich mich wie entscheide. Das hat auch etwas mit dem Thema „Prioritäten setzen" zu tun, weil es einen Einfluss hat, welche Werte ich habe. Vom Sein ins Tun heißt also auch, ich kenne mich und ich kenne mein Wertesystem. Ich weiß, was mir wichtig ist und nach welchen Werten ich leben, agieren und handeln will. Eine Einladung ist also, sich wirklich damit auseinanderzusetzen, um das für sich zu definieren. Denn es gibt auch eine Menge an Werten, die wir anerzogen bekommen und nie in Frage stellen. Aber will ich mit diesen Werten überhaupt in Zukunft meine Entscheidungen treffen und will ich überhaupt meinen Alltag so bestreiten?

Martin: Ja, absolut. Das halte ich auch für ein immens wichtiges Thema. Einer meiner wirklich höchsten Werte ist Freiheit und zwar Freiheit für mich, aber auch im Umgang mit anderen. Und deswegen ist so, wenn Menschen immer urteilen und auch verurteilen, was andere tun, ist das für mich immer eine ganz schwierige Situation. Da macht beispielsweise jemand irgendwas und jemand anders meint, dass er das Recht hat, das beurteilen zu dürfen. Das widerspricht meinem großen Freiheitswert. Da ist jemand, der ist genauso erwachsen, dann lasse ich ihn das doch machen, wenn er meint, er müsste das so machen. Das ist ein bisschen das Thema Toleranz. Heutzutage in der Social-Media-Welt bekommen wir das tagtäglich mit: Einer macht was und zehn regen sich drüber auf. Da tue ich mich immer unwahrscheinlich schwer mit, weil das gegen meinen obersten Wert der Freiheit geht. Und ich glaube, wenn man sich dessen bewusst ist und seine Werte kennt, genauso, wie du das gerade gesagt hast, dann kann man auch sehr viel im Umgang mit anderen erkennen. „Warum stört mich das jetzt so?", oder: „Warum ist mir was anderes völlig egal?". Das würde uns unser aller Zusammenleben wirklich deutlich vereinfachen.

Ben: Was ich gemerkt habe zum Thema Werte, ist, als ich meine Crashs im Leben hatte, haben sich manche Prioritäten und manche Werte von der

Intensität her verändert. Wenn ich das Gefühl habe, jemand stiehlt mir meine Zeit, bin ich sehr radikal geworden. Der Punkt ist, Werte sind ja keine Dogmen, die sich nicht verändern können. Aber auch hier ist immer wieder die Frage, gehe ich in die Reflektion, um mich zu hinterfragen: „Wie drückt sich dieser Wert in der Rolle A, B oder C aus? Wie lebe ich den auch?“. Und ich glaube – auch das sind Dinge, die mit Einstellung und Haltung zu tun haben – gerade wenn es um das Thema Wertesystem geht. Das Verrückte ist, wenn wir wissen, dass wir all unsere Entscheidungen tagtäglich auf dieser Basis treffen, wissen wir doch selbst so wenig darüber. Wir selbst haben so wenig Ahnung von uns selbst und von diesem Wertethema. Deshalb finde ich es ganz entscheidend, sich damit auseinanderzusetzen und auch zu definieren: „Was ist für mich wichtig, weil ...“. Bei dir ist es das Thema Freiheit. Und deine Entscheidungen, die du triffst in Zukunft, basieren auf diesem Wert.

Martin: Absolut, ganz klar. Dadurch, dass ich eine Nahtoderfahrung hinter mir habe, tun mir Menschen fast leid, die noch völlig im Außen und in ihrer Glitzerfassade leben. Ich muss das mal so hart sagen, weil ich mir denke: „Mein Gott, was für ein sinnfreies Leben wird da denn jetzt gerade gelebt?“. Derjenige hat Spaß an dieser Fassadenwelt und ist sich seiner Werte weder bewusst noch will er sich damit befassen. Und ich habe eben gemerkt, wie es ist, wenn man abtritt. Ich habe ja in dem Kapitel mit meiner Geschichte erzählt, dass dir nicht vor Augen geführt wird, was du alles gekauft hast, sondern dir wird vor Augen geführt, was du alles erlebt hast, was dich wirklich berührt hat. Das hatte natürlich einen großen Einfluss darauf, wie ich seitdem agiere, denke, handle und auch im Umgang mit anderen Menschen hat sich nochmal ein bisschen was justiert. Wir haben die christliche Erziehung von uns beiden ja schon angesprochen, ich war von Anfang an eher menschenorientiert geprägt und nicht sehr sachorientiert. Und das hat sich einfach nochmal verstärkt und basiert natürlich auch auf den Werten, die für mich wichtig sind.

Ben: Also Mindset-Veränderungen bedeuten vor allen Dingen auch Mut. Weil – und das kennen wir aus der systemischen Beratung – wir wissen, dass sich Systeme im Regelfall nicht verändern können, sondern dass, wenn wir da Einfluss drauf nehmen wollen, wir die einzigen sind, wenn wir in einem

System stecken, die durch unsere Veränderungen Einfluss darauf nehmen können, wie sich auch unser System verändert. Und das bedarf natürlich einem Haufen Mut. Das große Dilemma ist nämlich, dass es sein kann, dass die Veränderung, die wir haben, uns nicht schmeckt. Es kann sein, dass die Veränderung auch den Leuten nicht schmeckt, die drum rum sind. Dass es vielleicht Leute gibt, die da überhaupt nicht drauf klarkommen. Die ein totales Problem damit haben. Wie war denn bei der Veränderung deines Mindsets die Reaktion vom Umfeld?

Martin: Durchaus unterschiedlich. Also ich habe sehr viel Positives erfahren. Das Positive überwiegt bei weitem, das ist schon mal schön. Ich habe viele Kolleginnen und Kollegen gehabt, die dann interessanterweise meistens aber unter vier Augen gesagt haben: „Mensch, du machst das genau richtig und das ist der richtige Weg. Und man sollte viel mehr ...". Viele Reaktionen auf mein nach dem Herzinfarkt ein bisschen verändertes Leben fangen tatsächlich an mit: „Du machst das richtig, man sollte viel mehr ...". Und dann kommt sowas wie: „Man sollte viel mehr Pausen machen, man sollte viel mehr erleben, statt nur irgendwie immer dem Business hinterher zu hecheln". Aber das kommt interessanterweise tatsächlich fast nur unter vier Augen. Ich stelle mich auch auf Vortragsbühnen und rede darüber und hinterher kommen die Leute und sagen: „Ach toll, du hast mir aus dem Herzen gesprochen". Sie machen aber nix anders. Sie machen alle weiter wie bisher.

Das ist sehr interessant. Aber eine Geschichte habe ich, da hat jemand dann gleich was anders gemacht. Ich habe einen Vortrag gehalten über das ganze Thema mit meinem Herzinfarkt und dann kam jemand nach dem Vortrag zu mir und sagte: „Der Vortrag hat mir so die Augen geöffnet, ich gehe jetzt heim von dieser Konferenz, weil, ich habe durch deinen Vortrag gemerkt, ich habe schon viel zu viel vom Aufwachsen meines Sohnes verpasst und das ist mir jetzt viel wichtiger, als hier den restlichen Tag noch dabei zu sein". Und das sind dann so die Momente, wo ich sage: Wow. Das hinzukriegen, dass jemand in dem Moment wirklich den Switch im Kopf hinbekommt, darüber nachzudenken, dass er echt an seiner eigenen Einstellung arbeiten muss, weil er mehr on Tour ist als zu Hause. Und das dann auch gleich umzusetzen! Das war eine Reaktion vom Umfeld, die war grandios. Ich habe noch keinen Ausdruck gefunden, in welcher Art und Weise mich das dann berührt. Ich bin dann glücklich, ein Stück weit stolz, aber auch so ein bisschen beschämt, dass ich sowas auslösen kann. Also ein ganz komischer Mix von Gefühlen ist das. Aber ich habe natürlich auch Negatives erlebt, wo Leute wirklich sagten: „Mit so einem Schwächling will ja keiner zusammenarbeiten". Auch solche Sätze habe ich gehört. Was ja nicht stimmt, Gott sei Dank, ich habe es ja erzählt. Aber wo ich mir dann denke, mit welchem Weltbild, Menschenbild und Wertesystem ist jemand unterwegs, der so eine Aussage trifft?

Ben: Was ich merke ist bei meinen Storys im beruflichen Umfeld, dass mich immer mehr und mehr Leute darauf ansprechen: „Du, pass mal auf Ben, ich habe gehört, du warst da mal fast insolvent". Oder: „Ich habe gehört, du hast dich von deiner Frau scheiden lassen, Kinder hast und so weiter, ich habe da mal eine Frage. Können wir mal reden?" Oder: „Können wir mal einen Termin machen?". Dann weißt du im Vorfeld gar nicht, um was es da wirklich geht. Dann redest du die ersten fünf Minuten und es stellt sich auf einmal raus, der will mit jemanden sprechen, der – ich sage mal – die Scheiße schon mal gefressen hat. Das Spannende war eigentlich, dass ich immer mehr Akzeptanz für meine Offenheit bekommen habe und dass Menschen, die sich vorher nicht geoutet haben, mich auf einmal angesprochen haben. Und auch was das betrifft, was ich jetzt sage, habe ich eine Mindset-Veränderung durchgemacht: Ich hatte immer das Gefühl, dass ich beruflich Menschen anziehe, die in Extremsituationen sind. Am Anfang habe ich mich dagegen massiv gewehrt. Ich hatte einfach das Gefühl, dass ich die Scheiße wie Pech anziehe und immer Menschen begleiten soll, die in einer Extremsituation sind.

Martin: Aber, wenn ich ganz kurz einhaken darf, passt das nicht zu deiner Identität des Superhelden?

Ben: Genau, der Punkt ist einfach der, dass ich gemerkt habe, ich muss das akzeptieren, denn das ist etwas, wo ich was zu geben habe. Am Anfang habe ich das massiv abgelehnt, bis mir irgendjemand mal gesagt hat: „Ben, mach dir doch mal Gedanken darüber". Das war für mich wie so ein Perspektivwechsel, auf die Dinge anders zu schauen und zu sagen: „Sag mal, das, was du erlebt hast, versetzt dich heute in die Lage, dass du mit Menschen in einer anderen Barmherzigkeit, in einer anderen Empathie und in anderen Situationen umgehen kannst, eben weil du diese Situation nachvollziehen kannst. Eben weil du sie durchlebt hast". Wir reden hier nicht über Dinge, die aus dem Lehrbuch kommen, sondern das sind Dinge, die wir durchlebt und verstoffwechselt haben. Es ist schon spannend, dass ich das heute in meinem Berufsalltag integriere. Das war mein Mindset-Wechsel, durch diesen Perspektivwechsel zu sagen: „Wie kann ich das, was da auch war, auch vielleicht anderen zur Verfügung stellen, dass sie dadurch einen Mehrwert haben?". Und das ist ja auch die Intention unseres gemeinsamen Buches hier. Wir wollen den Lesenden sagen: „Leute, man kann auf die heiße Herdplatte packen und oft lernen wir nur durch Veränderung". Aber vielleicht können wir gleichzeitig einen Impuls setzen, indem wir sagen: „Pass mal auf, da sind zwei Typen, die haben kuriose, extreme Situationen durchlebt, erlebt UND sie auch gemeistert und können Input und Impulse dafür geben, mal darüber nachzudenken, um sich einfach ein paar konkrete Fragen zu stellen".

Martin: Ja. Ich habe tatsächlich auch solche Anfragen schon bekommen, weil ich einfach auch jetzt nach außen was anderes darstelle, als ich das früher gemacht habe. Früher waren es so die klassischen Business-Themen, die ich nach außen getragen habe und jetzt sind es einfach andere Themen, auch teilweise private Themen. Und da kamen schon Anfragen, wo jemand sagte: „Mensch, kannst du mir mal verraten, wie du das machst? Irgendwie komme ich nicht im Ring rum, ich führe schon drei To-do-Listen und die werden immer länger statt weniger". Wenn man dann in den Coaching-Prozess hineingeht und derjenige dann wirklich die ein oder andere Erkenntnis bekommt, dann geht's mir weniger um die Rechnung, die ich am Ende stellen darf. Für mich macht es das wirkliche Erkennen wertvoll, also dass ich unterstützen konnte, das eigene Leben zum Besseren zu verändern.

Das ist etwas, was mich tatsächlich sehr zufrieden macht. Ich meine, klar, es ist mein Beruf, ich kann dann auch nicht darauf verzichten, am Schluss die Rechnung zu schreiben, sonst kann ich mir mein Leben irgendwann nicht mehr leisten. Aber die eigentliche Zufriedenheit resultiert bei mir daraus, wenn ich Leuten etwas mitgeben oder weitergeben kann. Und das hat sich natürlich bei mir thematisch verändert, das war jahrelang das Thema Vertrieb bei mir, das konnte ich im Schlaf, alles wunderbar. Habe ich auch genug bewiesen, dass ich da wirklich weiß, was ich tue. Und jetzt sind es halt Themen, die ein bisschen tiefer greifen, die ein bisschen weitergehen. Wo mich Leute auch wirklich fragen: „Sag mal, wie ist denn das, wenn man tot war?". Und das ist ja nun kein leichtes Thema, sondern da geht es dann schon ans Eingemachte. Und Leute da nachdenklich zu machen, Impulse zu geben und vielleicht ein Sandkörnchen dazu beizutragen, dass sich das Mindset vielleicht auch ein bisschen verändert bei dem ein oder anderen – da merke ich, dass mich das extrem zufriedenstellt.

Ben: Was wäre dein Wunsch für den Leser?

Martin: Mein Wunsch wäre, dass jemand, der dieses Buch jetzt gelesen hat, mal darüber nachdenkt, wie wertvoll er sich selbst ist. Und ich rede jetzt nicht von Egoismus, sondern, wie viel bist du dir selber wert – und sich dann im Anschluss vielleicht ein bisschen mehr Zeit für die Themen nimmt, die das Buch bei ihm hoffentlich ausgelöst haben. Und was wäre dein Wunsch für den Leser?

Ben: Mein Wunsch wäre: Finde immer mehr und mehr heraus, wer du bist und was deine Identität ausmacht. Reflektiere und lass dich dabei unterstützen, immer mehr und mehr der zu werden, der du schon längst bist. Lebe Identität und fange an, vom Sein ins Tun zu agieren.

PERSÖNLICHE EMPFEHLUNGEN VON BEN UND MARTIN

BUCHEMPFEHLUNGEN BEN

Henri J. M. Nouwen | Nimm sein Bild in dein Herz: Geistliche Deutung eines Gemäldes von Rembrandt
ISBN-13: 978-3451224041

Die Begegnung mit Rembrandts Meisterwerk „Die Rückkehr des Verlorenen Sohnes“ (1668) wurde für Henri Nouwen zu einer existenziellen Erfahrung. Komposition und Details des Gemäldes fesseln seine Aufmerksamkeit über Jahre. Vor dem Hintergrund von Rembrandts Leben erschließt Henri Nouwen in diesem Buch den geistlichen Reichtum dieses Gemäldes als einen Einführungsweg in den Prozess spiritueller Reife.

Tad Williams | Das Geheimnis der Großen Schwerter | ISBN-13: 978-3596161508

Die epische Tetralogie „Das Geheimnis der großen Schwerter“– besteht aus den Romanen „Der Drachenbeinthron„, „Der Abschiedsstern„, und dem zweigeteilten Abschluss „Die Nornenkönigin“ und „Der Engelsturm“. Die Saga von Ostenard bildet einen großen Handlungsbogen, dennoch stehen alle vier Bücher für sich und können auch unabhängig voneinander gelesen werden, da die Geschichten mehr oder weniger in sich geschlossen sind.

BUCHEMPFEHLUNGEN MARTIN

Reinhard K. Sprenger | Das Prinzip Selbstverantwortung: Wege zur Motivation
ISBN-13: 978-3593502656

Eigeninitiative ist gefragt – das gilt nicht nur für das Privatleben, sondern auch für den Job. Deutschlands meistgelesener Managementautor Reinhard K. Sprenger zeigt, was Manager tun können, damit ihre Mitarbeiter Verantwortung übernehmen, initiativ werden und Kreativität und Leistungsfreude entfalten. Anhand vieler Beispiele beschreibt Sprenger, was Selbstverantwortung ist und wie Führungskräfte sie fördern können: indem sie ihre Überzuständigkeit angemessen reduzieren und Mitarbeiter in der Verantwortung lassen.

Ilja Grzeskowitz | Mach es einfach!: Warum wir keine Erlaubnis brauchen, um unser Leben zu verändern (Dein Erfolg) | ISBN-13: 978-3869366890

Wir leben in einer Zeit, die von Jammern, Nörgeln und Stillstand gekennzeichnet ist. Jeder beschwert sich über alles. Doch statt selbst etwas zu verändern, vertraut man darauf, dass andere schon Verantwortung übernehmen werden. Ilja Grzeskowitz hat es sich auf die Fahnen geschrieben, dieser passiven Abwartehaltung den Kampf anzusagen. In seinem neuen Buch zeigt er gewohnt kurzweilig und unterhaltsam Wege, wie es auch ohne Titel, Geld oder die Erlaubnis anderer Menschen gelingt, das eigene Leben zu verändern. Anhand von spannenden Geschichten und Ideen erfahren Sie unter anderem, warum die Angst Ihr bester Freund ist, welche zwei Worte das Potenzial haben, Ihr Leben zu verändern, und welches die wichtigste Eigenschaft ist, mit der Sie Veränderungen in Ihrem Unternehmen, Ihrer Familie und den unterschiedlichsten Situationen des Alltags aktiv umsetzen können. Was auch immer Sie gerne in Ihrem Leben verändern wollen, zögern Sie nicht, sondern nutzen Sie ab sofort das Motto dieses Buches: „Ich mach´ das jetzt einfach!" Denn wenn Sie es nicht tun, tut es niemand.

HOTELEMPFEHLUNGEN

BEN: Mövenpick Resort El Quseir Sirena Beach | El Quseir | Ägypten

MARTIN: Ban Sainai Resort Thailand, Krabi

WHISKY/LIQUEUR EMPFEHLUNGEN

BEN: Drambuie Whisky Liqueur

MARTIN: Ardbeg Corryvreckan Whisky

GEMEINSAME EMPFEHLUNGEN

MKO V8
Michael Oberhauser
www.mko-v8.de

STEAKMANUFAKTUR AUGSBURG
www.steakmanufaktur.com

BENJAMIN SCHULZ

Benjamin Schulz ist Sparringspartner, Consultant und mehrfacher Buchautor. Der Unternehmer und Geschäftsführer mehrerer Firmen begleitet seit vielen Jahren einflussreiche Persönlichkeiten, Unternehmen und Institute im gesamten deutschsprachigen Raum zu den Themen Strategie, Positionierung, Identität und Marketing. Als Redner und Gastdozent wird er regelmäßig für Veranstaltungen sowie Aus- und Weiterbildungen gebucht und stand 2014 sowie 2015 bei kabel eins für »Abenteuer Leben« vor der Kamera. Aufgewachsen als Pastorensohn und zum zweiten Mal verheiratet lebt er heute in einer Patchwork-Familie mit 6 Kindern. Er hat selbst erlebt, wie es sich anfühlt, mit Vollgas gegen die Wand zu fahren.

MARTIN SÄNGER

Martin Sänger ist Speaker, Entertainer und Augenöffner, der das Publikum mit seiner sympathisch dreisten Art begeistert, die Dinge auf den Punkt zu bringen. Noch im Jugendalter von 16 Jahren brachte er seine Eltern dazu, seinen Gewerbeschein zu unterschreiben – das war der Beginn seiner Leidenschaft »Unternehmer sein«. Gleichzeitig zog es ihn ebenso früh als DJ auf große Partybühnen, wo der nächste Schritt zum Speaker nicht weit war. Noch heute liebt er es, Menschen mit rhetorischen Spitzen zu begeistern. Seit 1997 ist er selbstständig und gründete, von Erfolg getrieben, 2001 sein Unternehmen, die Sänger Trainerteam GmbH, mit der er nationale und internationale Personalentwicklungsprojekte im Vertrieb realisiert. Vor wenigen Jahren erst erlebte er seinen persönlichen »Crash« durch einen Herzinfarkt mit Nahtoderfahrung, der zu einer radikalen Änderung seines Lebens führte.

Ben und Martin verbindet viele Gemeinsamkeiten:

» aufgewachsen in einer Pfarrer-Pastorenfamilie
» bereits vor dem 18. Lebensjahr selbstständig
» Hundebesitzer
» Leidenschaft für amerikanische Autos
» Vorliebe für ordentliche Steaks ab 500 Gramm

WELCOME
TO Fabulous
LAS VEGAS
NEVADA

7WMF065

HEINZ

Maverick

66
DUG 3-93

Plaza
WELCOME
TO THE PLACE TO BE
DOWNTOWN
EXIT
ONLY